KB251525

이병훈의 광주 리모델링

지역이 강해야 대한민국이 산다

이병훈의 — 광주 — 리모델링

이병훈 지음

지역이 강해야 대한민국이 산다

Imagine Gwangju

광주라는 그릇을 채우는
가치 있는 상상

RHK
알에이치코리아

리모델링 광주로
힘 있는 지방시대를 살자

————

"상상할 수 있는 모든 것은 현실이다."
피카소가 했던 이 말을 정치를 하는 동안 자주 생각
했다. '정치는 현실'이라고들 하는데, 피카소의 말에
적용해 본다면 '상상할 수 있는 모든 것'이 곧 정치가
된다. 우리의 현실을 바꿔낼 가치 있는 상상이 정치
의 이정표가 되고, 궁극의 목표가 된다. 그러니 정치
인에게 상상력은 엄청난 힘이다. 가치 있는 상상을
할 줄 아는 사람이야말로 정치에 가장 적합한 사람일
지 모른다.

어떤 의미에서 이 책은 상상에 관한 이야기다. 뜬금없는 상상이 아니라 현실을 알기에 그려볼 수 있는 상상, 그래서 가치 있는 상상이라고 감히 말하고 싶다. 또한 이 책에 담아낸 상상의 토대는 매우 구체적이다. 어쩌면 상상을 넘어선 리모델링에 가깝다. 대한민국의 지방들 가운데 하나인 광주를 정교하게 리모델링하는 일은 지방시대를 여는 새로운 역사가 될 것이라 믿는다. 그래서 수없이 그려보고, 또 그려보았다. 리모델링을 위한 설계가 세밀하고 정교할수록 리모델링은 백년대계가 될 것이기 때문이다.

아시다시피 광주는 생각만 해도 가슴이 뛰는 매력적인 곳이다. 역사적으로도 그러하고, 문화적으로도 그렇다. 사람들의 기질과 저력도 남다르다. 하지만 그 넘치는 매력을 발산하지 못해 아쉬움이 크다.

대체 왜 문화관광마저 수도권에 편중된 1극 체제일까. 더 다채롭게 한국을 느끼고 맛볼 음식, 뷰티, 의료

관광 등 K-컬처의 한 축이 왜 광주여서는 안 될까 하는 의문은 광주의 과제이자 모든 지역의 과제이기 때문이다.

국립아시아문화전당은 미국 MIT 미디어랩MIT Media Lab, 피어39Pier 39처럼 국제교류의 무대가 된다. 넷플릭스 같은 국제적 콘텐츠 제작 기업이 광주와 연결된다. 광주 시민의 힘으로 탄생한 새 정부는 적극적으로 힘을 실어주어야 한다.

신안의 예술섬과 광주의 문화를 중심으로 하는 'K-컬처 융복합 관광리조트 단지'는 새로운 문화관광의 저수지가 되어주고, K-푸드 연구소, 국제적인 K-푸드 경연대회는 광주형 일자리 시즌2와 맞물려 시너지를 낼 수 있다.

문화예술뿐이 아니다. 신재생에너지의 원천인 전남과 연계한 AI 중심도시로 도약하는 광주는 지역의 미래를 바꿀 수 있다. AI 분야는 사실 문화적 상상력과 한 세트이다. 문화적 저력과 공적 마인드에 충실한 광주의 AI는 가장 경쟁력 있는 대한민국의 핵심 미래 산업이 될 것이다.

나의 리모델링 설계도는 지역소멸이라는 암울한 현실을 뚫고 나온 청년창업의 결실로 유니콘 기업이 탄생하는 것까지 그리고 있다. 창업 국가인 이스라엘의 모델을 통해서 말이다.

불법 비상계엄으로 훼손된 헌정질서와 민주주의 가치의 회복을 가장 앞장서서 극복한 곳이 광수다. 이제 정치적 안정을 넘어 지속가능한 경제 성장 모델을 만들어내야 한다. 광주도 살고, 다른 모든 지방도 살고, 그리하여 새 정부도 성공하는 역동적 그림을 광주가 가장 먼저 그려내야 한다.

리모델링을 성공하기 위한 상상은 끝이 없다. 무턱대

고 꾸는 꿈도 아니다. 현실을 알고, 미래를 준비하는 꿈, 가치 있는 상상이다. 지역이라서 어려운 게 아니라, 지역이라서 가능한 상상, 그것도 광주이기에 가능한 가치 있는 상상을 더 많은 사람과 함께 해나갈 것이다.

가치 있는 상상은 동력이 되고, 그 동력으로 광주의 리모델링과 지방시대의 새출발은 마침내 현실이 될 것임을 믿기 때문이다.

2025년 9월

이병훈

차례

들어가며 리모델링 광주로 힘 있는 지방시대를 살자 ···· 4

1장
광주라는 그릇에 어떤 음식을 담을까?

〈흑백요리사〉를 보며 광주를 생각하다 ·············· 14
안유성 명장, 홍쌍리 명인과의 인연 ··········· 21
타이어 회사도 이런 발상을 하는데! ··········· 29
한식 열풍의 중심은 광주가 되어야 ··········· 35

2장
미식도시 예술도시, 광주

자은도 해변의 피아노 오케스트라 ·········· 42
지역의 운명을 바꾼 것은 예술 ·········· 48
'미식'과 '예술'은 광주 성장 동력의 두 바퀴 ············· 58
부울경의 큰 그림, 광주·전남에서 그려보자 ············· 65

3장
도시브랜드 광주, 섬세해야 가능하다

주먹밥 이야기 ·········· 72

한강 작가가 준 금실 ·········· 79

광주비엔날레와 미술도시 ·········· 87

광주를 대한민국의 린츠로 ·········· 104

AI 중심도시 광주 ·········· 110

임윤찬도 멋있고 송가인도 멋있다 ·········· 122

312석 고도부끼 의자를 옮겨오다 ·········· 129

카페거리에서 복합쇼핑몰을 생각하다 ·········· 135

냉모밀의 계절이 빨라지고 있다 ·········· 147

대프리카와 광프리카 ·········· 152

4장
지방소멸 시대 어떻게 할 것인가

최고의 복지는 일자리 ·········· 164

똑같은 축제, 똑같은 출렁다리 ·········· 172

막걸리의 화려한 변주 ·········· 179

청년창업에서 보는 희망의 징후 ·········· 191

이스라엘에서 배우는 창업 생태계 ·········· 201

5장
권력이 아닌 정치력을 꿈꾸는 이유

일상이 정치인 것을 ·········· 212

불안한 삶의 안전장치, 정치 ·········· 217

암표를 막는 것도 정치의 일이다 ·········· 222

플랫폼과 영세업자 그리고 배달종사원 ·········· 227

'권력'이 아닌 '정치력'을 꿈꾼다 ·········· 237

흔들리더라도 변하지는 말자 ·········· 244

1장

광주라는
그릇에
어떤 음식을
담을까?

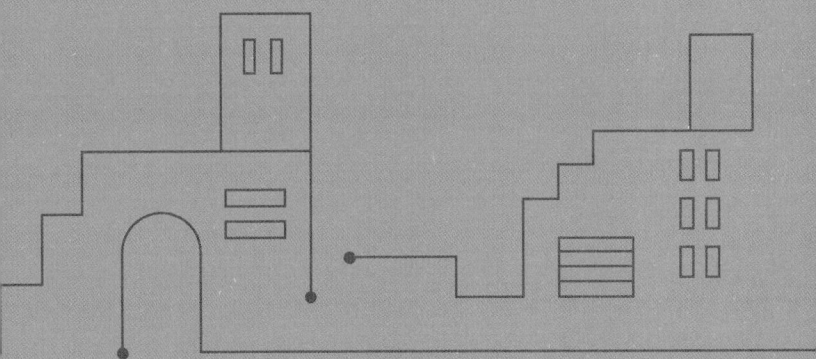

- 〈흑백요리사〉를 보며 광주를 생각하다

- 안유성 명장, 홍쌍리 명인과의 인연

- 타이어 회사도 이런 발상을 하는데!

- 한식 열풍의 중심은 광주가 되어야

〈흑백요리사〉를 보며
광주를 생각하다

―――――

'저 요리사들은 자신의 그릇에
저토록 멋진 음식을 담아내는데
광주라는 그릇에는
무엇을 담아야 하나?'

지난 연말에 보았던 넷플릭스 요리 서바이벌 〈흑백요리사 : 요리 계급 전쟁〉은 참으로 흥미진진했다.

한 스테이지마다 요리사들에게 새로운 미션이 주어지는데 같은 재료라도 누가 만드느냐에 따라 전혀 다른 요리로 탄생 된다는 사실, 음식 하나에 이토록 많은 이야기가 담길 수 있다는 게 새삼 감동스러웠다.

미션 중 하나였던 '무한 두부 지옥'편이 시작될 때 스튜디오 중앙에 산더미처럼 쌓인 하얀 두부 산을 보는데 보는 내가 다 숨이 막혀왔다.
하지만 두부의 놀라운 변신이 시작됐다. 사람의 능력이란 건 대단한 거구나, 하는 생각마저 들었다. 중식 셰프 정지선은 두부를 다져서 너무나 근사한 딤섬을 만들어냈다.

어린 시절 미국으로 이민을 간 에드워드 리는 두부를
닭다리 모양으로 파내더니 튀김옷을 입혀서 켄터키
프라이드 두부를 만들어냈다. 시장 국숫집에서 손맛
으로 명성을 쌓은 이모카세는 얼큰하고 자작한 두부
찌개를 만들어냈다.

그뿐인가. 일식 분위기의 두부샐러드, 일식과 이탈리
아식이 섞인 마파두부 밀라네제, 중식 풍의 두부 만
두 등 두부의 변신과 변주가 끝도 없이 펼쳐졌다.

재료는 하나이되 그릇에 담긴 요리는 수십에서 수백
가지가 되니 요리가 아니라 마술이구나, 하는 생각마
저 들었다. 요리는 서로 다른 기량을 가진 연주자들
이 펼치는 즉석 공연이며 다양한 변주가 가능한 재즈
라는 사실을 실감하는 순간이었다.

21세기는 음식이 예술의 중심에 자리 잡을 것

일찍이 미디어아트 작가 백남준 선생이 하신 말씀이
절로 떠올랐다.
"21세기는 음식이 예술의 중심에 자리 잡을 것이다."
참으로 놀라운 선견지명이 아닌가.

백남준 선생의 말씀대로 음식 자체도 하나의 예술 장
르였지만, 그 음식을 소재로 삼은 콘텐츠의 파급력도
엄청났다. 한국뿐 아니라 넷플릭스를 보는 전 세계
50여 나라에서 〈흑백요리사〉는 시청률 상위에 올랐
고, 방송이 된 이후에는 요식업계 고질병인 구직난
해소에도 크게 기여를 했다고 한다. 젊은 세대에게
음식의 매력이 어필되었기 때문이리라.

〈흑백요리사〉를 보면서 전라남도 문화관광국장에 몸
담았을 때의 일들이 주마등처럼 스쳤다. 대한민국에
서 가장 풍요로운 식재료의 생산지인 전라남도를 지

켜보면서 내가 가장 주목했던 분야가 바로 '음식'이었다. '전라도 음식'은 사실 누구나 맛있다고 극찬하고, 참으로 귀한 음식이라고들 인정한다. 그럴수록 청찬과 감탄에서 그칠 일인가, 하는 생각이 들었다.

그래서 음식이 지역 축제 현장에서 서비스되는 보조물이 아니라 그 자체가 축제의 메인이 될 수 있다는 것을 보여주기 위해 남도음식축제의 판을 키우고 장인들을 등장시켰다.

사라질까 두려울 만큼 보배롭고 훌륭한 남도 곳곳의 음식에 가치를 부여하는 제도를 고안했다.

실력과 전통으로 명성을 이어준 음식점에 '남도음식명가'라는 타이틀과 '별미집'이라는 이름을 붙여주는 지정제도를 도입한 것이다. 내가 도입한 그 제도는 발전을 거듭해, 지금까지도 남도의 음식명가 입구에 자랑스럽게 붙어있다.

음식명가 지정제는 남도 음식점의 자부심

남도의 음식문화 자산을 널리 알리고 기록하는 작업도 시작했다. ㈜디자인하우스와 함께 《남도땅 멋길 맛길》 책자를 제작해서 전국 유수의 서점에서 판매한 것이다.

남도는 산, 강, 평야와 바다가 맞닿아 있는 우리나라 음식문화의 보고이다. 남도땅 구석구석에는 숨은 절경과 그곳이 아니면 먹어보기 힘든 각 고장의 별미와 전통음식들이 있다. 이 찬란한 음식문화 유산들을 여러 명사의 글과 작가의 사진에 담아낸 이 책은 한 페이지 한 페이지가 소중한 기록이다.

한강 작가의 부친이기도 한 한승원 선생을 비롯해, 《하얀 전쟁》으로 알려진 소설가 안정효 선생, '직녀에게' 등 감동적 시어를 남긴 문병란 시인을 비롯한 남도 출신 문인들이 쓴 남도 음식 예찬론이 담겨있다. 광양의 재첩회, 섬 지방의 간재미찜, 장뚱어전골

등 남도땅에서 나는 보물 같은 식재료와 요리들이 전문 사진가들의 사진으로 담겨있다. 부록으로 '남도음식명가와 남도 별미집'의 리스트, 찾아가는 길까지 소개했다.

광주·전남 지방의 음식문화 유산이야말로 이 지역의 브랜드이자 가장 빛나는 가치라 여겼기 때문이다.

그런 일들에 천착해 왔기에 〈흑백요리사〉를 시청하는 내내, 여러 생각이 들었다. 그리고 그 생각들은 하나의 또렷한 질문으로 내게 다가왔다.

'저 요리사들은 자신의 그릇에 저토록 멋진 음식을 담아내는데 광주라는 그릇에는 무엇을 담아야 하나?'

안유성 명장,
홍쌍리 명인과의 인연

자신의 힘으로 성장한

뛰어난 요리사들을 지원하고,

지역 전체의 자산으로 키워내고

다음 세대까지 이어가는 일은

또 다른 측면의 노력이

있어야 한다고 생각한다

사실 〈흑백요리사〉의 경연이 시작되면서 특히 눈길이 갔던 한 사람이 있었다. 광주에서 올라간 일식 대가 안유성 명장이었다.

광주에서 '가매일식'과 평양냉면 전문점 '광주옥'을 운영하고 있는 안유성 명장은 프로그램에서는 백수저 계급으로 등장했지만 사실 누구보다 흑수저의 지난한 삶을 견뎌온 분이다.

나주에서 식당을 하시던 어머니의 영향으로 요리에 눈을 뜬 청년 안유성은 서울로 상경해 접시 닦이부터 시작했다. 요리 열정 하나로 최고급 초밥과 일식을 익히고 다시 고향으로 돌아와 '남도 초밥'을 탄생시켰다. 역대 대통령들의 사랑을 받은 텐동과 초밥은 가히 국보급이다.

광주 음식명장제 개편 후, 첫 조리명장 안유성

안유성 명장과의 인연은 맛집 대표와 단골손님이라는 점도 있지만 광주광역시 문화경제부시장으로 재직할 때 도입한 광주 명장제도로 한층 더 깊어졌다. 문화경제부시장에 취임하고 나서 살펴본 분야 중 하나가 바로 명장제도였다.

그런데 대한민국에서 둘째가라면 서러울 미식도시 광주의 명장제도가 놀랍게도 공예 및 디자인 분야에만 한정된 것이 아닌가.
나는 즉시 제도를 개편토록 했다. 광주시가 지정하는 명장에 음식 조리 분야를 포함한 것이다. 그렇게 제도를 바꾸고 나서 처음으로 광주광역시 음식명장 타이틀을 단 분이 바로 안유성 명장이었다.

안유성 명장은 2019년에 지역 조리명장이 되신 후 2022년 대한민국 조리 분야 명장이 되셨다.

그런 인연이 있었기에 〈흑백요리사〉에서 명장님의 모습을 뵈니 더욱 반가울 수밖에.

사실 뛰어난 요리사는 스스로 실력을 갖추고 발전하는 것일지 몰라도, 자신의 힘으로 성장한 그 뛰어난 요리사들을 지원하고 지역 전체의 자산으로 키워내고, 다음 세대까지 이어가는 일은 또 다른 측면의 노력이 있어야 한다고 생각한다.

광양을 변화시킨 홍쌍리 매실명인

별미 음식 하나, 때로는 지역의 특산품 하나가 지역 전체의 운명을 바꿀 수 있다는 생각을 해온 것은 사실 오래전부터다.

1994년 광양군수로 부임했을 때의 일인데, 지금은 매화꽃으로 전국적으로 이름난 봄철 관광지, 다압면

청매실 농원이 있다.

지금이야 상춘객이 몰려드는 관광지이지만 그 시작은 앞이 안 보이는 도전이었다.

대한민국 식품명인 1호가 되신 홍쌍리 청매실 농원 대표가 청춘을 바쳐 일궈낸 매실나무 2만여 그루와 2천여 개 매실 항아리는 '광양매화축제'라는 생명력 가득한 지역축제를 탄생시켰고, 매실로 만든 건강음료를 전 국민에게 보급했다.

1990년대, 기반 시설이 전혀 갖춰지지 않은 섬진강변의 산언덕을 젊은 여성의 몸으로 기어다니다시피 하며 매실밭을 일구는 모습에 광양군이 할 수 있는 일들로 힘을 보태기 시작한 것이다.

무엇보다 필요한 것은 매실을 주원료로 하는 가공식품 인허가 문제와 인근 도로 개설이었다. 더불어서 제2의, 제3의 청매실 농원이 나올 수 있도록 저장고 설립 지원을 해주는 일이었다.

군의 협력은 청매실 농원의 성장에 윤활유 역할을 하였고, 인근 농가들도 매실을 심고 가공식품을 만들기 시작했다. 청매실 농원이 하나의 사례가 된 것이다.

지역민들의 의지와 행정 지원이 시너지를 발휘해 광양은 마침내 매화의 고장으로 탈바꿈되었다.
한 송이 국화꽃을 피우기 위해 봄부터 소쩍새가 울고, 천둥이 먹구름 속에서 울었다고 하듯, 섬진강 옆 매화마을은 서로가 서로를 일으켜 세우려는 마음이 하나둘 모여서 이뤄낸 아름다운 성과였다.

한 사람의 의지가 척박한 땅을 매실 천국으로 만들어냈고, 그 의지를 응원하는 행정의 협력이 매실 천국을 매실 산업단지로 만들어낼 수 있었다.

안유성 셰프와 함께

홍쌍리 명인

홍쌍리 명인과 함께

타이어 회사도
이런 발상을 하는데!

〈미쉐린 가이드〉가

미식문화에 끼친 영향력은 엄청나다

이미 스스로 아름다운 꽃도

그의 이름을 불러줄 때

꽃의 의미는 달라진다

의미를 부여하고,

가치를 만드는 일은 이처럼 중요하다

한 마을을 바꾸고, 한 지역을 바꿔내는 변화의 출발점은 어디에 있는 것일까. 그건 바로 생각의 전환에서 온다.

타이어 회사 미쉐린이 타이어 광고지가 아닌 맛집 지도를 담은 〈미쉐린 가이드The Michelin Guide〉를 발간했다는 것 자체가 발상의 전환이다. 대충 식당 소개를 하지 않고 엄격한 심사 기준을 세워 미쉐린 별점을 부여했다는 것도 발상의 전환이다.

사실 패션과 미식의 나라 프랑스에서 〈미쉐린 가이드〉가 발행된 것은 역사적 계기가 있다.

혁명 이전, 미식은 특권 계층의 전유물이었다.
평민들은 굶어서 죽는데, 귀족들은 너무 많이 먹어

죽는 불평등의 시대가 프랑스 대혁명으로 막이 내리자 귀족들의 요리를 담당했던 이들이 하나둘 레스토랑을 차렸다.

때마침 자동차가 보급되었고, 자동차를 타고 미식 여행을 하는 것이 가능한 시대가 되었다. 타이어를 더 많이 팔 수 있는 마케팅 상술을 고민하던 미쉐린 형제는 생각을 거듭한 끝에 타이어 광고지가 아니라 자동차 여행 책자를 발간하기로 했다.

맛있는 음식을 파는 호텔을 소개해서 장거리 여행을 유도하려는 것이었다. 장거리 여행은 자연스럽게 타이어 판매로 이어질 테니까 말이다.

호응은 나쁘지 않았지만, 어느 타이어 가게에서 그 책자를 작업 받침대로 쓰는 것을 보고는 제작 방법을 바꾸었다. 더 가치 있는 책자를 만들어 유료화해야겠다고 생각한 것이다. 공짜로 나눠주는 것은 함부로 한다는 사실에 주목했기 때문이다.

이후 신뢰도를 높일 수 있는 전문 평가단을 구성해서 레스토랑을 비밀리에 방문한 뒤 음식의 수준을 분석하는 새로운 방식을 도입한다.

별 개수로 레스토랑의 수준을 평가했는데 별 하나는 '요리가 훌륭한 레스토랑', 두 개는 '요리가 훌륭하여 멀리 찾아갈 만한 레스토랑', 최고 등급인 세 개는 '요리의 맛을 보기 위하여 특별한 여행을 떠날 가치가 있는 곳'으로 구분한 것이다.

반응은 폭발적이었다. 〈미쉐린 가이드〉가 붙인 별을 보고 여행을 떠나는 이들이 늘어났고, 식당들은 미쉐린 평가단에 대비해 더욱 음식 품질과 운영에 신경을 썼다.

처음엔 프랑스 식당만을 대상으로 했지만 2006년에는 뉴욕판 〈미쉐린 가이드〉가, 출간 100년이 되는

2008년에는 일본 도쿄를 포함한 아시아를 포함한 가이드가 발간됐다.

시작은 미약했으나 장대한 발전을 이룬 것이다. 〈미쉐린 가이드〉로부터 인정을 받으면 매출이 상승하고, 그 지역 관광 요소가 될 만큼 영향력이 커졌다.

구슬이 서 말이어도 꿰어야 보배

이런저런 논란들이 있기는 해도 〈미쉐린 가이드〉가 미식문화에 끼친 영향력은 엄청나다. 이미 스스로 아름다운 꽃도 그의 이름을 불러줄 때 꽃의 의미는 달라진다. 또한 구슬이 서 말이어도 꿰어야 보배가 된다. 의미를 부여하고, 가치를 만드는 일은 이처럼 중요하다.

미쉐린이 해낸 이 엄청난 일을 보면 우리가 무엇을 해야 할 것인가를 조금은 짐작할 수 있지 않겠는가.

전라남도와 광주에서 내가 도입하고 시행했던 음식 명가 선정과 음식명장 제도는 아직 보완할 것들이 많은 시작에 불과하다.

풍요로운 식문화의 전통과 자산을 갖춘 남도와 연결되어 있고, 다양한 문화콘텐츠를 갖춘 광주에서 가장 빛나는 별 하나를 꼽으라면 단연 '미식문화'다. 어떻게 지원하고, 가치를 높이느냐에 따라서 광주의 음식문화 자산은 더 빛나는 별이 되고, 더 크게 열릴 수 있기 때문이다.

한식 열풍의 중심은
광주가 되어야

___

한식 열풍의 중심지가

광주가 된다면

광주의 미래는 달라질 수밖에 없다

내가 아는

세계 최고의 미식도시는

바로 광주이기 때문이다

한식 열풍이 대단하다. 지난해 뉴욕에서 미쉐린 식당으로 선정된 곳은 74개 식당이다. 그중 무려 11곳이 한식당이었다고 한다.

한식 파이닝 레스토랑 한 곳은 미쉐린 3스타를 받았다. 맑게 끓여낸 한국의 돼지 곰탕 식당 메뉴는 '뉴욕 최고 요리 8선'에 올랐다고 한다.

뜨거운 한식 열풍은 바다의 반도체라 불리는 김 수출 추세를 봐도 알 수 있다. 김의 인기가 치솟으면서 공급이 주문을 못 따라가 김의 육상 양식까지 추진하는 상황이다. 세계 김 시장의 70%를 점유하고 있는 우리나라 김 대부분이 전남에서 난다.
냉동 김밥 수출도 해마다 늘고 있고, 고추장을 비롯한 장류도 수출 효자 상품이다.

한식이 명실공히 글로벌 한류 대열에 당당히 입성했다고 봐야 한다. 영화와 K-팝, 드라마 못지않은 경쟁력이 K-푸드에서 나오고 있다는 것인데, 음식은 수출만이 아니라 관광, 문화와 깊이 연결되는 만큼 더 섬세하게 살펴봐야 한다.

먹방 프로그램인 〈편스토랑〉에서 특출난 요리 솜씨로 인기를 끈 배우 류수영은 스탠퍼드대 한국 음식 콘퍼런스에 초청되어 한식을 홍보하고 쿠킹클래스를 열었다. 스탠퍼드 학생들에게 한국 음식의 매력을 직접 전파한 것이다.

이렇듯 음식은 음식에서 그치지 않고, 자연과 사람, 문화로 연결된다. 한식 문화, 그 나라, 그 지역 문화의 총체로서 음식이 기능하고 받아들여지는 것이다.

광주는 최적의 조건을 다 갖춘 미식도시

그렇다면 대한민국에서 '음식이 예술의 중심에 자리 잡을 도시'는 어디일까? 누가 뭐래도 광주이다.

광주는 대도시이면서도 지척에서 가장 풍요로운 로컬 식재료들을 공급받을 수 있는 최적의 조건을 갖추고 있다. 인근 신안 갯벌에서는 세계 최고 품질의 소금이 생산되고, 미국 나사NASA에서도 주목한 바 있는 완도의 김과 다시마 같은 해조류가 있다.
섬진강과 영산강의 민물 어종, 무안 양파, 해남 배추, 진도 대파, 영광의 고추와 젓갈이 있다.

뿐인가. 그 풍요로운 땅에서 만들어진 음식 명인들의 대를 이어온 전통이 있다.
배추, 무, 갓, 파, 고들빼기, 양파 등 맛깔난 김치들과 남도의 들판에서 자라난 쑥, 고사리, 미나리 같은 나물들이며 낙지, 홍어, 간재미, 꼬막, 짱뚱어 요리와 오리탕, 곰탕, 떡갈비, 보리밥, 팥죽까지 탁월한 경쟁력을 갖춘 광주의 음식들은 어제를 넘어 미래로, 지역을 넘어 세계로 뻗어가기에 부족함이 없다.

이들 음식 자원의 세계화를 이뤄낼 스토리텔링의 능력 또한 단연 앞서는 도시가 광주이다.
모든 문화가 그렇듯 음식문화 또한 하루아침에 나올 수가 없다. 시간이 축적되고, 대대로 전승 되어온 음식문화의 DNA가 시대에 맞게 작동되면서 그 파워는 더 커진다.

행정에 몸담는 동안, 세계 각국에 남도음식 전문 레스토랑을 여는 꿈을 꿨다. 세계 주요 도시마다 들어선 남도음식 전문 레스토랑에는 광주의 젊은이들이 일하며 K-푸드 전도사가 된다.
이렇게 한식 열풍의 중심지가 광주가 된다면 광주의 미래는 달라질 수밖에 없다. 내가 아는 세계 최고의 미식도시는 바로 광주이기 때문이다.

2장

미식도시
예술도시,
광주

- 자은도 해변의 피아노 오케스트라

- 지역의 운명을 바꾼 것은 예술

- '미식'과 '예술'은 광주 성장 동력의

  두 바퀴

- 부울경의 큰 그림, 광주·전남에서

  그려보자

자은도 해변의
피아노 오케스트라

———

광주는 신안으로 외연을 넓히고,

신안은 광주를 통해

지속가능한 예술 지역으로 성장할 수 있다

이것은 나의 오랜 행정 경험과

정치적 감각에서 비롯된 직감 혹은 확신이다

올 봄, 나는 신안군 자은도 양산 해변에 있었다. 강형기 예술감독이 기획하고 임동창 감독이 연출한 해변의 피아노 오케스트라를 감상하기 위해서였다.

1004개의 섬으로 이뤄진 신안을 상징하는 100+4대의 피아노가 봄 바다 파도 소리와 어우러졌다.
모래사장과 파도, 그리고 피아노의 조화라니. 영화의 한 장면처럼 아름답고 감동적이었다.

공연은 많아도 감동적인 공연은 드물다. 행사는 많아도, 지역의 자연과 문화와 하나로 어우러지는 행사도 드물다. 그런 의미에서 자은도 바닷가에서 펼쳐진 피아노 오케스트라는 너무나 특별한 감동으로 다가왔다.

내가 느낀 이 감동은 바닷가 공연에서 그치지 않았다. '피아노'가 하나의 끈이 되어 새로운 일들이 펼쳐지기 시작한 것이다.

그동안 한국 클래식 발전을 위해서 꾸준한 지원을 해온 삼성문화재단의 주최로 '2025 제24차 국제 피아노 제조기사 및 조율사 협회 총회'가 전남 신안군 자은도에 있는 라마다프라자호텔에서 개최되었다.

이 총회는 말 그대로 세계 각국의 피아노 제작자, 조율사, 기술 전문가들이 최신 기술과 연구 결과를 공유하는 뜻깊은 자리이다. 단순한 피아노 조율사 양성 사업이 아니라 '피아노 톤 마이스터'를 양성하는 이 사업에 기업의 후원과 행정이 함께 하게 된 것이다.

1004섬 해변에서 100+4대의 피아노 오케스트라가 펼쳐지고, 국내 클래식 인프라를 탄탄히 하는 저변까지 연결된다는 것은 매우 고무적이라 하겠다. 국내외 피아노 기술 전문인력들이 마주하게 될 남도의 바닷

가는 또 어떤 감동으로 다가갈지 기대된다.

해변의 피아노 오케스트라 공연을 총감독한 피아니스트 임동창 선생이 자은초등학교에 어쿠스틱 피아노 5대를 기증했다.
그 피아노를 두드려보고 자기 마을 해변에서 펼쳐지는 피아노 오케스트라를 보고 자란 아이들의 미래가 어떻게 변화될지를 기대해 보는 일도 즐겁다.

내가 생각하는 '선순환'이 신안의 자연과 예술과 기업을 통해서 이뤄지고 있는 것이다.

전남과 광주의 연결과 선순환은 가능하다

신안의 새로운 시도를 지켜보면서 나는 광주를 생각한다. 사실 신안의 이런 시도가 신안에만 갇혀서는 한계가 있다.

주변의 문화적 요소와 넓게 이어져야 더 큰 시너지로, 지속가능한 울림으로 성장할 수 있기 때문이다.

신안이 만들어낸 변화의 불씨에 지속적인 연료가 되어주고, 신안의 아름다운 피아노 선율에 힘 있는 비트를 더해줄 수 있는 도시가 바로 광주라고 생각한다. 광주는 한국 문화예술의 용광로인 국립아시아문화전당이 있고, 문화예술의 저수지가 되는 역사적 배경을 지닌 도시가 아닌가.

광주는 신안으로 외연을 넓히고, 신안은 광주를 통해 국제적인 연결과 지속가능한 예술 지역으로 성장할 수 있다. 이것은 나의 오랜 행정 경험과 정치적 감각에서 비롯된 직감 혹은 확신이다.

자은도 피아노 축제

지역의 운명을
바꾼 것은 예술

———

국립아시아문화전당을 품은 광주에서

예술은 지역발전의 견인차가 되고 있는가

배후도시마저 이토록 예술적 변신을

거듭하고 있는 지금, 광주의 풍향계는

어떻게 움직이고 있는 것인가

일본 여행지 가운데 가장 매력적인 곳을 꼽으라면 단연 나오시마直島이다.

예술 작품과 건축물을 보는 것을 워낙에 좋아하기도 하고, 한 지역이 어떻게 자기 운명을 바꿔나가는지를 볼 수 있는 최적의 장소이기 때문이다.

나오시마를 표현할 때 흔히들 삶과 자연, 예술이 공존하는 섬이라 칭한다. 하지만 나는 '새로운 운명을 개척한 섬'이라 칭하고 싶다.

크기는 작지만 나오시마는 해상교통의 요지였다. 미쓰비시 중공업이 이 작은 섬에 구리 제련소를 세운 까닭이기도 하다.

섬에 제련소가 들어서면서 인구가 늘고 섬 경제는 좋아졌다. 하지만 중금속 폐기물이 쏟아지면서 환경은 나빠졌고, 설상가상으로 제련소마저 문을 닫게 된다. 섬은 버려졌고 사람들은 빠져나갔다. 쓰레기들이 섬을 뒤덮었다. 사람들은 나오시마를 쓰레기 섬이라고 불렀다.

하지만 1985년, 섬의 운명을 바꿀 변화가 시작된다. 카가와현은 나오시마 프로젝트를 시작한다. 변화를 이끈 이는 일본의 출판 교육 기업 베네세 홀딩스의 후쿠다케 소이치로 회장이었다.

그는 막대한 예산을 들여 쓰레기 섬이 된 나오시마를 사들이고 수천억 원에 달하는 재생 프로젝트 예산을 투입한다. 공익적 자본주의와 상생이라는 철학에 바탕을 둔 결정이었다.

공익적 자본주의와 지역의 상생

예술 프로젝트 진행은 세계적인 건축가 안도 다다오가 맡았다. 버려진 빈집과 폐염전, 낡은 창고는 그에게 새로운 영감을 주는 바탕이 되었다.

나오시마의 쇠락한 공간들은 예술의 옷으로 갈아입기 시작했다. 자연과 예술이 경계를 허물며 하모니를 이뤘다.

건축이라기보다는 자연과 어우러진 예술 작품인 뮤지엄 호텔 '베네세 하우스Benesse House', 세계 최초의 지하미술관인 '지추地中미술관', '이우환미술관' 등이 안도 다다오에 의해 건축되었다.

건축물 안팎은 클로드 모네, 쿠사마 야요이, 이우환, 제임스 터렐, 데이비드 호크니 같은 거장들의 예술품이 채워졌다. 말 그대로 상전벽해를 이룬 것이다.

예술로 재탄생된 나오시마는 연간 수십만 명이 찾아오는 국제적 관광 명소로 탈바꿈되었다. 나오시마의 아트 프로젝트가 성공을 거두면서 인근의 두 섬, 이누지마犬島와 데시마豊島도 예술의 섬으로 거듭났다.

끝이라고 생각되는 순간을 아름다운 시작으로 되돌린 나오시마 프로젝트는 가슴 뛰는 감동을 준다. 가치 있는 상상을 하면 그 지역도 살고, 다른 지역에는 선물이 된다. 막혀버렸다고 여겨지던 지역의 암울한 현실이 새로운 미래로 이어진다.

신안은 우리 가까이에 있는 또 다른 나오시마

어쩌면 변화를 시작한 신안이 바로 또 다른 나오시마일지 모른다. 크기나 특색으로 보면 나오시마, 이누지마를 뛰어넘을 수 있을 것 같다.
신안의 변화도 방점은 '예술'이다. 신안의 대표적인

섬에 지형과 역사에 어울리는 뮤지엄을 짓는 '1도 1뮤지엄' 프로젝트는 이미 순항 중이다.

목포에서 신안으로 가는 초입에 있는 압해도는 '위대한 낙서마을'이라는 프로젝트를 통해 그라피티 섬이 되었다. 그라피티 아트의 세계적 거장인 미국 작가 존원, 스페인 작가 덜크, 포르투갈 작가 빌스 등이 섬과 어울리는 그라피티 작품을 완성시켰다.

김환기 화백의 고향인 안좌도에는 7개 대형 큐브로 만든 '플로팅 뮤지엄Floating Museum'이 2026년 개관을 앞두고 있다. 물에 뜨는 미술관이라는 독특한 컨셉의 이 뮤지엄은 일본 야나기 유키노리 작품이다.

노대도의 뮤지엄에는 빛의 마술사로 불리는 세계적 거장 제임스 터렐의 작품이 들어온다. 강형기 예술감독과의 교감으로 8차례나 신안 노대섬을 방문한 바 있는 제임스 터렐은 빛과 우주를 테마로 작업하는 세계적 작가이다. 그는 노대섬의 햇빛과 달빛 그리고 파도 소리에 매료되었다고 한다.

비금도에는 영국의 대표적 조각가 안토니 곰리가 바다의 미술관을 조성한다. 소금과 갯벌을 이용한 아시아 최초, 최대의 프로젝트라고 한다.

도초도에는 덴마크 출신의 세계적인 설치미술가 올라푸르 엘리아손 작품 '숨결의 지구Breathing Earth Sphere'가 들어섰다. 면적 55.28km², 인구 2374명, 목포에서 배를 타고 들어가야 하는 작은 섬이 새로운 변신을 해냈다.

자은도에는 스위스 건축가 마리오 보타와 이탈리아에서 활동 중인 조각가 박은선이 '인피니또(무한) 조각미술관'을 건립한다고 한다.

암태도 미곡창고에는 소작쟁의의 역사를 담은 서용선 화가의 '암태도 소작쟁의 100주년 기념-서용선 미술관'이 들어섰다.

광주-전남 연계한 예술·미식 투어

그렇다면 광주는? 국립아시아문화전당을 품은 광주에서 예술은 지역발전의 견인차가 되고 있는가.
세계적 명성을 얻고 있는 광주 비엔날레는 행사로만 그쳐야 하는가.

이제는 광주·전남의 시너지를 내기 위해서 신안 예술섬과 문화도시 광주가 연계된 예술·미식 투어를 만들어야 한다. 나오시마를 능가하는 브랜드로 말이다.

아시아문화전당과 광주비엔날레, 신안 예술섬을 연계한 2박 3일 또는 3박 4일 투어 프로젝트는 지역을 뛰어넘어 국가적 사업으로 추진될 필요가 절실하다.

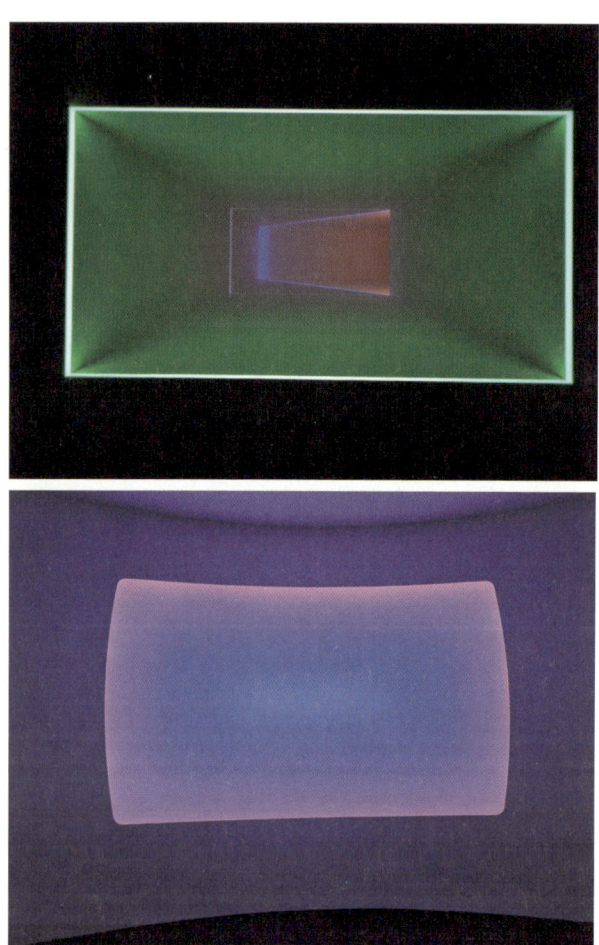

페이스갤러리에 전시된 제임스 터렐 작품

염전과 노동자의 얼굴(압해농협, 빌스 작품)

신안갯벌 멸종위기 생물(압해읍사무소, 덜크 작품)

'미식'과 '예술'은
광주 성장 동력의
두 바퀴

없는 것을 끌어다 쓰기보다는

이미 있는 것을 동력으로 삼는 것이

가장 현실적이고, 빠른 길이다

나는 그 동력의 축을

'미식도시'와 '예술도시'라고 생각한다

나는 광주 구석구석을 걸어서 느끼는 도심 산책을 참 좋아한다.

무등산 언저리 의재미술관 앞에서 시작해 동적골에 이르는 길도 좋아하고, 내 오랜 일터였던 옛 도청 주변의 충장로, 금남로, 동명동을 자주 걷는다.

다정하면서도 섬세한 무등산의 기운과 의재 허백련 선생의 예술혼에 흠뻑 취하다가 그 아래, 자리 잡은 이런저런 밥집에서 광주의 맛을 발견한다.

이제는 광주의 랜드마크가 된 국립아시아문화전당은 구석구석이 다 아름답다. 잘 가꿔진 정원처럼 나무와 잔디가 아름답고, 건축물 자체도 볼수록 감동이다.

전시와 공연 포스터들을 살피고, 전시장을 둘러보고 나면 공부할 것들이 참 많다는 자극도 받는다.

전당을 나와 광주 정신의 상징과도 같은 분수대 광장과 상무관 앞, 전일빌딩245를 바라보면 역사의 흐름 속에 선 나의 모습을 돌아보게 된다.

예전보다 쇠락한 듯 느껴지는 예술의 거리와 충장로를 걸을 때는 광주가 더 넓어지고, 새로운 힘을 가져야 한다는 생각에 마음이 무거워진다.

광주가 앞으로 나아갈 하나의 강력한 동력은?

변화된 광주의 모습과 여전한 광주의 모습, 앞으로 나아가고 있는 광주와 아직 어려움에 갇힌 광주를 동시에 느끼면서 광주만의 살길에 대해 천착한다.

광주가 앞으로의 시간으로 나아갈 하나의 강력한 동력은 무엇일까.

없는 것을 끌어다 쓰기보다는 이미 있는 것을 동력으로 삼는 것이 가장 현실적이고, 빠른 길이다. 나는 그 동력의 축을 '미식도시'와 '예술도시'라고 생각한다. 미식도시, 예술도시는 한마디로 말하면 문화 경제의 도시라고 할 수 있다.

새뮤얼 헌팅턴은 그의 저서 《문화가 중요하다 Culture Matters》의 서문에서 한국과 아프리카의 가나를 비교하여 이 주제에 대한 해답을 찾았다.

"한국과 가나는 1960년대 똑같은 수준의 경제 규모였는데, 이후 가나가 30년의 기간 동안 개발도상국 상황을 벗어나지 못했으나 한국은 이미 1990년대에 세계 14위의 경제국으로 발전하고 있었다"고 기술하고, 그 원인을 양국의 문화적 특성에서 찾았다.

한국인의 문화적 특성이 가나인과는 다르다는 것이다. 새뮤얼 헌팅턴뿐만 아니라 프랜시스 후쿠야마를 포함한 다수의 학자도 '문화적 가치가 경제발전의 근본적인 동인'이라는 주장을 펼친다.

세계 유수 도시의 공통점은 예술과 미식

새뮤얼 헌팅턴의 말처럼 세계 유수의 도시들은 공통의 얼굴을 지닌다. 뉴욕, 파리, 베를린, 런던, 잘츠부르크, 바르셀로나, 이 도시들을 떠올릴 때, 가장 먼저 떠오르는 단어가 '예술'과 '문화적 저력'이다.

문화 예술이 도시의 성장 가능성이라면 미식은 도시를 '경험의 공간'으로 만들어주는 매력을 배가시킨다.

스페인 바르셀로나에 갔을 때 그런 생각이 가슴 깊이 파고들었다. 안토니 가우디의 예술혼이 녹아든 이 도시, 사그라다 파밀리아Sagrada Familia, 구엘 공원Parc Güell 같은 이 아름다운 문화적 유산이 도시 자체를 거대한 미술관으로 만들고 있다. 그런데 이 아름다운 예술도시에 생동감을 주는 것은 '타파스Tapas 문화(한입 크기의 요리를 술과 함께 즐기는 것)'다.

관광객들은 건축물을 감상한 다음, 골목의 타파스바를 찾는다. 예술과 미식의 시너지가 이런 것이구나 하는 생각이 들었다.

예술도시이자 미식도시, 광주

광주는 어떨까. 광주는 알다시피 예술도시이자 미술도시이다. 아시아 최대 규모를 자랑하는 국립아시아문화전당, 광주 비엔날레, 여기에 더해 광주민주화운동이라는 역사적 배경까지. 한강 작가의 노벨문학상 수상은 바로 이러한 문화적 토대에서 싹튼 것이다.

광주는 이처럼 그 어떤 도시도 쉽게 흉내 낼 수 없는 문화적 베이스와 정신적 토대를 갖추고 있다.

이렇듯 과거에만 머무르지 않는 문화 예술의 전통을 지닌 광주와 미식도시의 모든 조건을 갖춘 전남은 두 지역의 연결을 통한 상생이 가능하다.

세계 최고의 예술도시이자 미식도시인 광주와 전남의 연결은 나의 오랜 숙제이자 꿈이었다. 이룰 수 없는 꿈이 아니라 바로 실현할 수 있는 구체적인 상상이다.

지역소멸 위기가 다가오는 전라남도 역시 광주와의 연결을 통해 새로운 수혈을 받고, 광주 역시 한국의 나오시마이자 최대의 미식 자원을 가진 전남과의 연결을 통해 새로운 시너지를 내는 일은 상상이 아닌 현실 속에서 이뤄질 수 있다.

부울경의 큰 그림,
광주·전남에서 그려보자

光주·전남의 상생협력은

부울경과는 다른 빛깔,

다른 에너지로 탁월한 성과를 낼 수 있다

가장 경쟁력 있는 공동의 목표를 통해

미래 지도를 바꿀 수 있다

아시아문화중심도시 추진단장을 맡았을 때, 나는 '중심'의 의미를 새롭게 깨달았다. 중심은 타 문화를 흡수하여 지배구조를 만들어내는 패권적 의미의 중심을 의미하지 않는다.

아시아문화중심도시는 아시아 각국의 문화 원형들이 광주에서 서로 어우러져 동시대 새로운 문화콘텐츠를 만들어내고 그것을 토대로 각 나라들이 동반 성장하자는 취지를 갖고 있다.

여기에는 특정 국가의 일방적 성장이나 배타적 이익이 배제된다. 공동의 이익, 공동의 선을 추구하는 것이 중요하다. 한 민족 혹은 한 지역의 문화적 특성으로서 상호 존중하며 인정하는 문화적 포용만이 원칙으로 존재한다.

중심을 고집하지 않고 상생한다

광주와 전남의 상생도 마찬가지라고 생각한다.
광주·전남에 대한 상호 존중과 협력이 구체적으로
진행되어야 한다.

공자는 '화이부동 동이불화 君子和而不同 小人同而不和'라 했
다. 군자는 자기가 속한 집단에 조화를 이루지만 다
른 사람들과 똑같지는 않고, 소인은 집단에 깊게 스
며들지만 조화를 이루지는 못한다는 말이다.

광주가 먼저 우리 지역의 가치를 우선시하는 소인배
의 태도를 버려야 상생의 초석이 마련될 것이다.

경남도가 부산, 울산과 함께 열어가는 부울경 초광역
경제동맹을 보라. 그들은 이미 부울경 정책협의회를
만들고, 부울경 공동 협력사업을 국가계획에 반영시
키려는 다각적인 방안을 논의 중이다. 지방소멸을 막

고, 지방시대에 공동으로 대응하고 살길을 찾기 위한 부울경의 성과가 너무나 부럽고 마음이 조급해진다.

광주·전남의 상생협력은 부울경과는 다른 빛깔, 다른 에너지로 탁월한 성과를 낼 수 있다. 가장 경쟁력 있는 공동의 목표를 통해 미래 지도를 바꿀 수 있다.

부울경의 시너지를 광주·전남에서도

나라 전체의 인구가 줄고 있으니 지방소멸은 시간 문제라고들 이야기한다.
전국 226개 시군구 가운데 인구소멸 위험지역은 121개이다. 광주·전남은 위험 상위군에 속한다.

사람 수가 줄어들수록 병원도, 문화시설도 열악해진다. 부익부 빈익빈처럼 아이를 키우고 살기도 힘들고, 일자리도 없다. 그렇게 암울한 미래를 가만히 앉

아서 받아들이라고 정치가 있는 게 아니다.

잿빛 미래를 어떻게 하면 푸른 미래로 바꾸어낼 수 있는지, 어떤 역량을 모아야만 인구소멸을 당하는 것이 아니라 극복해 나갈 수 있는지 백방으로 뛰어야 한다.

부산과 울산, 경남이 그리는 큰 그림을 광주·전남이 못 그릴 이유가 없고, 그 시너지 또한 엄청난 것이 될 수 있다.

3장

도시브랜드
광주,
섬세해야
가능하다

• 주먹밥 이야기

• 한강 작가가 준 금실

• 광주비엔날레와 미술도시

• 광주를 대한민국의 린츠로

• AI 중심도시 광주

• 임윤찬도 멋있고 송가인도 멋있다

• 312석 고도부끼 의자를 옮겨오다

• 카페거리에서 복합쇼핑몰을 생각하다

• 냉모밀의 계절이 빨라지고 있다

• 대프리카와 광프리카

주먹밥
이야기

———

우리는 알고 있다

어떤 시대라도, 어떤 위기라도,

주먹밥을 만들어야 하는

순간이 온다면

기꺼이 광주 사람들은

쌀을 씻고

솥을 걸 것이라는 사실을

1980년 5월, 광주의 거리를 떠올리면 눈물이 난다. 출근을 하고 학교를 가고 연인을 만나러 가던 광주의 길들은 계엄군의 장갑차로 막혔다. 우리의 군인이라 믿었던 공수부대원들이 대검과 곤봉을 휘두르며 그 거리를 휘젓고 다녔다.

전쟁이 아닌데, 총성과 비명이 난무했다. 사랑하는 이들이 죽어 나갔고, 고립무원이 되었다. 그 믿을 수 없는 상황 속에서 시민군을 위한 주먹밥을 시장 상인들은 만들기 시작했다.

'밥은 먹고 싸워야지.'
솥을 걸고 쌀을 모았다. 소금으로 간을 맞추고 김으로 돌돌 말았다. 어떻게든 뜨신 밥은 먹여야지, 자식을 먹이려는 어미의 마음으로 만든 그 뜨거운 주먹밥

이 시민군의 손에 전해졌다.

그 밥은 죽음의 공포 앞에서 서로에게 건넨 사랑이었고, 연대였고, 항거였다. 사람이 사람을 살리려는 마음, 죽음의 공포도 이겨낸 뜨거운 마음이 그 주먹밥에 있었다.

위기가 오면 다시 주먹밥을 싸는 광주

2020년, 코로나19가 대한민국을 뒤덮었을 때, 광주는 병상이 부족해 신음하는 대구를 향해 먼저 손을 내밀었다.

"우리에겐 병상이 있습니다. 환자를 보내주세요."

광주는 감염병보다 더 무서운 것이 무관심과 외면이라는 것을 아는 도시였다. 광주의 병원은 대구의 환자들을 맞이했고, 광주의 시민들은 다시 주먹밥을 지었다. 주먹밥 도시락에 편지를 담았다.

"허한 속 달래세요."
"금방 나으실 거예요."
"우린 함께입니다."
대구 사람들은 시락(떡)을 먹으며 눈시울을 붉혔다고 한다. 그 밥에 담긴 위로와 뜨거운 마음이 느껴져서였다.

1980년, 광주는 그 험한 시절을 견디면서 보석 같은 마음을 알게 됐다. 사람이 사람을 지켜야 한다는 마음, 사람이 그 무엇보다 소중하다는 믿음이었다.

현대의 주먹밥, 선결제라는 새로운 연대

2024년 겨울, 또 다른 '밥'이 등장했다. 윤석열 탄핵을 촉구하는 시민들이 거리로 쏟아져 나왔을 때, 서울 시내 곳곳에서는 '선결제'라는 작고 단단한 연대가 피어났다.

가게 주인들이 말했다.
"이 커피, 이 떡볶이는 이미 누군가가 계산했어요. 당신이 거리에서 외치는 그 목소리를 응원하며 말입니다."
그것은 또 하나의 주먹밥이었다.
밥 대신 커피였고, 손 편지 대신 영수증이었지만 정신은 같았다. 불의에 맞서 일어선 사람들에게 거리에서 만난 이름 모를 시민들이 당신은 혼자가 아니라고 전하고 있었다.

광주의 정신은 멈추지 않는다. 1980년의 주먹밥, 2020년의 도시락, 2024년의 선결제 커피까지.

모두는 하나의 질문에 답하고 있다.

"정의란 무엇인가, 인간다움이란 무엇인가?"

그 물음에 광주는 대답한다. 정의는 나눔이고, 정의는 함께 사는 것이라고.

광주의 주먹밥은 살아있다

한 그릇의 뜨거운 밥은 영혼을 위로하고, 힘을 주는 삶의 에너지라는 생각을 종종 한다. 특히 광주 사람들이 만들었던 주먹밥은 지금도 살아있구나, 느끼는 순간이었다.

가만히 삶을 들여다보면 지금도 우리의 골목에서, 거리에서, 광장에서 주먹밥의 온기는 전해지고 있다. 이웃을 살피는 마음, 불의를 외면하지 못하는 마음에 주먹밥의 온기가 살아있다.

밥 한 덩이로 역사를 새로 쓸 수는 없지만, 뜨거운 밥을 나누는 마음으로 역사의 변방을 튼튼히 지킬 수 있다.

그래서 생각을 해본다. 우리 광주의 경험은 한 시대의 것만이 아니라는 것을. 그 정신이 이어지는 한, 어떤 시대라도, 어떤 위기라도 주먹밥을 만들어야 하는 순간이 온다면 기꺼이 광주 사람들은 쌀을 씻고 솥을 걸 것이라는 사실을.

그래서 나의 광주는, 광주시민들의 주먹밥은 내내 우리를 강하게, 따숩게 할 것이라는 사실을.

한강 작가가 준
금실

___

한강 작가가 건네준 소중한 금실을

이제 광주가 어떻게 활용하는가

하는 문제가 남았다

무엇보다 광주가

정말 광주다운 모습으로

존재할 때 그 금실은 의미가 있을 것이다

사랑이란 어디 있을까?

팔딱팔딱 뛰는 나의 가슴 속에 있지.

사랑이란 무얼까?

우리의 가슴과 가슴 사이를 연결해주는 금실이지.

노벨문학상 수상 작가 한강의 어린 시절 글이다. 여
덟 살 소녀가 광주라는 도시에서 자랄 때 문제집 여
백, 일기장 여기저기에 끄적여놓았던 시들 가운데 한
편이다.

1980년의 기억이 작가의 삶을 바꿨다

한강 작가는 노벨문학상 수상 기념 강연에서도 '빛과
실'이라는 주제로 말문을 열었다. 바로 금실 이야기다.

그는 "여덟 살 아이가 사용한 단어 몇 개가 지금의 나와 연결되어 있다"고 느낀다고 말하며 "뛰는 가슴 속 내 심장. 우리의 가슴과 가슴 사이. 그걸 잇는 금金실-빛을 내는 실"에 관해 이야기한다.

1980년 1월 가족과 함께 광주를 떠난 뒤 4개월이 채 지나지 않아 그곳에서 학살이 벌어졌을 때 나는 아홉 살이었다. 이후 몇 해가 흘러 서가에 거꾸로 꽂힌 '광주 사진첩'을 우연히 발견해 어른들 몰래 읽었을 때는 열두 살이었다.

쿠데타를 일으킨 신군부에 저항하다 곤봉과 총검, 총격에 살해된 시민들과 학생들의 사진들이 실려 있는, 당시 정권의 철저한 언론 통제로 인해 왜곡된 진실을 증거하기 위해 유족들과 생존자들이 비밀리에 제작해 유통한 책이었다.

어렸던 나는 그 사진들의 정치적 의미를 정확히 이

해할 수 없었으므로, 그 훼손된 얼굴들은 오직 인간에 대한 근원적인 의문으로 내 안에 새겨졌다.

인간은 인간에게 이런 행동을 하는가, 나는 생각했다. 동시에 다른 의문도 있었다. 같은 책에 실려 있는, 총상자들에게 피를 나눠주기 위해 대학병원 앞에서 끝없이 줄을 서 있는 사람들의 사진이었다.

인간이 인간에게 이런 행동을 하는가. 양립할 수 없어 보이는 두 질문이 충돌해 풀 수 없는 수수께끼가 되었다.

광주는 고유명사가 아닌 보통명사

작가의 말처럼 '광주'는 어떤 도시의 고유한 이름이 아니었다. 광주는 인간에 대한 근원적 질문을 던져준 '보통명사'였고 인류가 함께 고통스럽게 고민해야 할 하나의 상징이었다.

한강 작가의 노벨상 수상 이후로 광주에는 작은 변화들이 일어났다.《소년이 온다》책을 들고 광주의 이곳저곳을 둘러보는 사람들이 늘어났다.

광주에 대해 막연하게 알고 있던 이들은 작품을 통해 광주를 다시 보게 되었으며, 지금 우리가 살아가는 이 시대가 그 역사와 괴리되지 않았다는 사실, 우리의 하루하루는 여전히 그 흐름 속에 있다는 것을 직감할 수 있었다.

너무나 충격적인 계엄 국면에서 사람들은 한강 작가의 노벨상 수상 연설문의 글귀들을 SNS에 올리기도 했다.

'현재가 과거를 도울 수 있는가?'
'산 자가 죽은 자를 구할 수 있는가?'와 같은 문장들이다.

그러면서 오늘날 시민들의 성숙한 민주주의가 광주에 빚지고 있다는 사실, 과거의 광주에서 태동한 그 어떤 의식들이 오늘의 민주주의를 돕고 있다는 사실, 역사 속에 자신을 던졌던 이들의 마음이 오늘을 응원하고 있다는 연대 의식까지도 느낀다고 고백하곤 했다. 한강 작가의 작품과 이야기가 광주와 세계를, 과거와 현재를 너무도 자연스럽게 그리고 확실하게 연결해주는 금실이 된 것이다.

한강 작가의 금실을 잡고, 광주를 보다

사실 우리 광주에게는 5.18 진상규명이나 발포자 규명 같은 역사적 진실 찾기와 더불어 '금실'이 필요했는지 모른다.

광주의 진실을 있는 그대로, 왜곡 없이 이해시켜줄 그 어떤 연결고리, 광주가 광주만의 일이 아닌 당신들의 삶에도 일어났을지 모를 일이라는 공감을 확산시켜줄 연결고리 말이다.

80년대 고립무원의 광주를 오늘로, 세계로 풀어내 줄 '금실'이 있을 때 광주의 이야기는 보편적 인류의 문제로, 전 세계인들에게 울림을 줄 역사의 진실로 자리매김할 수 있기 때문이다. 이제 광주의 차례이다. 한강 작가가 건네준 소중한 금실을 이제 광주가 어떻게 활용하는가 하는 문제가 남았다. 무엇보다 광주가 정말 광주다운 모습으로 존재할 때 그 금실은 의미가 있을 것이다.

광주다운 광주는 유·무형을 아우른다. 직관적으로는 한강 작가의 금실을 잡고 광주를 바라보고, 찾아오는 사람들에게 진짜 광주를 보여줄 공간이 필요하다.

《소년이 온다》와 연관된 광주의 공간들을 새롭게 정비하고, 업그레이드하며 연결해야 한다. 작가의 문학적 성취를 부끄럽게 하지 않을 품격 있는 공간을 만들어낼 필요가 있다.

공간적 정비와 더불어 인권, 민주, 평화라는 가치를 정책에 녹여내야 할 것이다.

광주의 교육은, 광주의 정책은, 광주의 문화는, 다른 도시와 어떻게 다른가를 도시민의 삶에서 느낄 수 있도록 해야 한다. 광주라는 도시가 어떻게 인간을 배려하는 도시인지 이 도시의 구석구석에서 느낄 수 있어야 할 것이다.

그런 고민이 깊어지고 구체화될 때 한강 작가가 건넨 소중한 금실은 광주와 세계를, 과거와 현재를, 시대와 미래를 끈끈하게 이어줄 것이기 때문이다.

광주비엔날레와
미술도시

———

내가 생각하는 광주는

독특한 문화 예술적

에너지를 품고 있는 도시다

5·18 민주화운동의 역사적 현장이자,

남도의 전통문화와

예술정신이 뿌리내린 공간이기도 하다

광주에서는 2년마다 한 번씩 국제 미술인들의 눈길이 쏠리는 국제 미술 행사가 열린다. 광주비엔날레다.

그런데 비엔날레가 열릴 때 전시장을 둘러보는 일은 기쁨이면서도 동시에 어떤 긴장감을 떠안는 느낌이다. 마치 큰 숙제를 받는 느낌이랄까. 매회 새로운 주제로 펼쳐지는 비엔날레는 세계 미술의 흐름을 살펴보는 좋은 기회이긴 하다. 또한 내가 이 작품들을 온전히 이해할 수 있을까를 스스로에게 묻는 점검의 시간이기도 하다.

숙제를 안은 듯한 마음은 일종의 직업병이라 할 수 있는데, 광주비엔날레는 미술도시 광주를 어떻게 떠받치고 자극하고 있는지, 한발 더 나아가는 고민이 생기기 때문이다.

내가 생각하는 광주는 독특한 문화 예술적 에너지를 품고 있는 도시다. 5·18 민주화운동의 역사적 현장이자, 남도의 전통문화와 예술정신이 뿌리내린 공간이기도 하다. 하지만 이러한 역사성과 전통을 담은 '미술도시'로서의 광주는 청사진을 그리는 단계라는 생각이다. 풀어내야 할 구체적인 과제들이 아직 많다.

광주와 뉴미디어아트

그 구체적 과제 가운데 하나가 바로 광주가 진행 중인 뉴미디어아트에 관한 부분이다.

언젠가 광주문화재단 앞을 지나다가 광주미디어아트플랫폼GMAP의 미디어아트를 본 적이 있다. 어슬렁거리는 호랑이가 눈길을 끌었다. 그런데 알고 보니 그

것은 이미 서울 광화문 어느 백화점 건물벽에서도 전시된 바 있는 미디어아트라고 한다. 아쉬움이 컸다.

2012년 광주미디어아트페스티벌이 도시 곳곳의 미디어월에서 우렁차게 열리더니 2013년과 2014년에는 광주미디어아트플랫폼과 국립아시아문화전당 전시실로 범위나 규모가 확 줄어들었다가 올해 2025년에는 중반이 훌쩍 넘어갔는데도 아무런 소식이 없다.

미디어페스티벌이 끝나고 나면 도시 곳곳에 세워놓은 수십억짜리 미디어 캔버스들에는 마땅히 올릴만한 영상이 없어 담당자들이 애를 태운다.

뉴미디어아트의 흐름을 광주가 적극적으로 받아들이고 이를 도시의 브랜드로 키워나가려는 출발은 있었으되 흐름이 끊긴 셈이다. 관광 요소로 이어지는 것도 지지부진하고 관련 분야 예술가들의 활동을 뒷받침하기에도 역부족이다.

가장 큰 문제는 광주미디어플랫폼의 운영방식이다. GMAP을 이 분야의 전문가나 관련 행정인력이 부족한 광주시립미술관에서 운영을 하고 있기 때문이다. 몇몇 기획사들의 작업물을 사다가 틀 것이 아니라 광주의 작가들이 밤낮으로 연구하고 작업할 수 있도록 도와주고 연구비를 지원해줬으면 싶다.

국립현대미술관 분관 유치

또 한 가지, 2025년 3월 '박물관·미술관법 개정안'이 국회 본회의에 통과되었다. 그 주요 내용은 국립현대미술관의 분관을 지역에 세울 수 있도록 하는 법적 근거를 마련하는 내용이다. 이와 함께 문체부는 '문화한국 2035' 계획을 발표했는데, 그 첫 목적이 '지역문화 균형 발전'이었고 국립현대미술관 분관 정책이 수록되었다.

광주는 2008년과 2014년에 분관 유치를 시도했으나 실패했고, 내가 문화경제부시장으로 재직하던 2019년에 지역 인사들이 국비 확보와 중앙부처의 협력체계를 마련했다.

그리고 그해 300억 원의 국비를 포함하여 총 1,180억 원 규모의 분관 건립계획이 마련되었다. 그런데 계획 수립 과정에서는 광주 동구 지산동 옛 신양파크호텔 부지를 활용하는 방안 등 상당한 진척이 있었으나 2024년 국회 예결위 예산안심사에서 관련 예산이 삭감되어 현재 답보 상태에 있다.

그 사이 전북 전주와 전남 여수가 유치 경쟁에 뛰어들었다. 국회의원 재임 시절 파악한 바로는 이미 부산, 제주, 충남 등이 이를 위해 활동하고 있으며, 지금쯤 물경 20곳의 도시가 각축을 벌이는 것으로 안다.

이 지점에서 근본적인 질문을 다시 해야 한다. 현대미술관 분관이 그렇게 중요한가? 국립현대미술관에 소장된 1만 1,800점의 작품이 만약 분관으로 내려온다면 관객이 많이 모여들까?

파리의 루브르미술관 소장품은 약 61만 6,000점이고 전시 중인 작품만 3만 5,000점이다. 그 정도라면 탐낼 만하다.

지역에 현대미술관 분관이 있다 한들 그곳에서 이뤄지는 전시회가 성공하리라고 보장하는가.

방법이 있다. 루브르의 소장품 61만 6,000점 가운데 디지털화된 작품 수는 48만 2,000점이다. 작품의 손상이라든지 어떤 특별한 이유로 인해 디지털화하지 못한 작품들을 제외하고는 전부 디지털화되었다는 이야기다.

기왕에 광주에 유치할 현대미술관이라면 디지털미술관이 해답이다. 현대미술관도 이미 소장품의 디지털화 계획을 갖고 있다.

국회의원 시절 아시아문화전당과 특별한 프로젝트를

진행하기 위해 애썼던 적이 있다. 국립현대미술관의 소장품을 디지털화해 전시하는 실험 전시를 꾸린 것이다. 반응은 매우 폭발적이었다. 김창렬의 〈물방울〉 작품을 비롯해 단지 몇 개의 작품을 디지털화하여 전시장을 채웠음에도 불구하고 그 스케일의 웅장함과 시각적 재해석은 관객에게 기존 작품과 판이한 생경한 경험을 선사했다. 물방울이 실제로 흘러내리는 장면은 실제 2차원의 평면 작품에서 느낄 수 없는 또 다른 세계를 보여줬다.

이미 실험까지 한 마당이다. 광주의 현대미술관은 디지털미술관이 맞다.

더 새로운 광주비엔날레

다시 비엔날레 이야기를 해보자. 사실 광주비엔날레 본관은 너무 낡아 새 건물을 지어야 한다.

이미 2023년에 국제설계경기를 치렀고, 몇 가지 과정이 더 남아있어 아직 최종 당선작은 발표되지 않았다. 설계비만 51억 원, 공사비는 864억 원인데, 2027년 준공을 목표로 진행 중이다. 국회에서 이 예산을 확보하기 위해 동분서주했던 기억이 생생하다.

광주비엔날레는 국내외를 막론하고 이미 아시아의 대표적인 비엔날레로 자리한 지 오래다. 국제적으로 '광주'가 한국에 있음을 알려준 중요한 매개체였다. '광주 5·18'을 세계 사람들도 안다. 그런데 그게 한국의 광주광역시임을 쉽게 관련지어 생각하는 사람은 드물다. 그 연결고리 역할을 광주비엔날레가 했다.

비엔날레는 미술계의 이슈를 빨아들이고 개최되고 사라진다. 여기에서의 이슈는 작품이 품고 있는 인류문명의 진수가 될 가능성이 높은 이론과 개념, 문명사적 비판이 대부분이다. 논쟁의 극단에서 끊임없이 싸우고 부딪치는 점이 비엔날레의 진면목이다. 그것이 없다면 상업적 아트페어와 구분할 명분이 없다.

그 지점에서 광주비엔날레와 5·18은 일체화된다. 둘은 상호보완적이며 필요충분조건이다.

5·18은 비엔날레라는 국제적 이슈 파이팅의 소리 울림통이 필요하고, 비엔날레는 5·18을 등에 업고 나서야 비로소 사지를 버틸 뼈대가 생긴다.
다행스럽게도 광주비엔날레는 대략 그런 기준을 지키고 있는 것으로 보인다. 뼈대가 있다.

그런데 1995년 첫 회를 치른 후 지금까지 30년이 지났는데 지역의 작가가 사라지고 있다. 젊은 작가들이 설 자리가 없다.

비엔날레가 광주지역의 작가들을 외면한다는 이야기는 벌써 수십 년째 듣는 이야기다. 행사 기간에만 잠깐 지역 작가 참여라고 부산떨지 말고 그 흔한 레지던시라도 만들어 길게 운영해야 한다.

광주가 지닌 미술도시로서의 경쟁력

그래서 내가 생각하는 광주는 미술도시로서 다음과 같은 구체적 경쟁력을 키워야 한다.

첫째, 독보적인 역사성과 문화정체성이다. 5·18 민주화운동은 광주만의 고유한 역사적 경험이자 미술과 문화가 결합할 수밖에 없는 강력한 사회적 주제다. 이 기억은 광주 미술에 '기억과 치유', '민주와 인권'이라는 보편적 가치와 깊이를 부여하며, 세계 어느 도시도 쉽게 대체할 수 없는 예술적 정체성을 만든다.

둘째, 남도 고유의 예술 전통과 미학이다. 광주는 한국 전통예술의 한 축인 남도의 풍부한 민속미술과 공예, 지역 문화가 살아 숨 쉬는 곳이다. 이 전통 미학은 현대미술과의 융합을 통해 '토착성과 세계성'이 조화를 이루는 예술적 차별화를 가능케 한다.

셋째, 광주비엔날레와 국립아시아문화전당이라는 강력한 인프라와 플랫폼이다. 광주비엔날레는 국제 미술계에서 이미 탄탄한 네트워크와 영향력을 구축했고, 아시아문화전당은 아시아 문화예술을 아우르는 복합문화공간으로 광주 미술도시의 동력을 제공한다. 이 두 기관의 협력은 지역 예술 생태계를 확장하고 세계 미술계와의 연결고리를 강화하는 기반이다.

넷째, 지역사회의 예술에 대한 높은 관심과 시민 참여다. 광주는 예술가와 시민, 행정이 협력하는 문화 공동체가 강한 도시로, 미술이 삶의 일부가 되는 환경 조성에 앞서 있다. 이는 공공미술, 예술교육, 커뮤니티 아트 등 지속가능한 미술 문화 발전에 필수적인 요소다.

다섯째, 첨단기술과 전통미술의 융합 가능성이다. 광주는 디지털 미디어아트, 인터랙티브 아트 등 신기술 기반 예술에 대한 관심과 실험이 활발하며, 아시아문화전당의 지원 아래 아시아 전통예술과 첨단 예술이 조화를 이루는 독특한 예술 생태계 구축에 유리하다.

이러한 경쟁력은 광주가 단순한 미술 행사의 개최지를 넘어, 미술과 문화가 도시의 DNA로 자리 잡은 '지속가능한 미술도시'로 성장하는 핵심 기반이다.

세계 미술도시 사례에서 배우는 가능성

광주가 꿈꾸는 미술도시는 전 세계 다양한 미술도시들의 경험과 전략에서 많은 시사점을 얻을 수 있다.

먼저 네덜란드 로테르담은 제2차 세계대전 이후 도시가 완전히 파괴된 상황을 계기로 '파괴에서 재생으로'라는 도시재생 전략을 펼쳤다. 로테르담은 국제적 건축 축제와 공공미술 프로젝트를 중심으로 시민과 예술이 공존하는 공간을 만들어내며 현대미술 도시로서의 명성을 쌓았다.

광주 역시 5·18 민주화운동의 역사적 아픔을 도시재생과 예술의 힘으로 치유하고 발전시키는 점에서 큰 공통점을 가진다.

미국 뉴욕은 세계 현대미술의 허브로, 다양한 인종과 문화가 뒤섞인 다원성 속에서 혁신적이고 실험적인 미술이 끊임없이 탄생하는 글로벌 미술도시다. 광주도 지역적 정체성과 세계적 감각을 동시에 아우르는 '글로벌 아트 플랫폼'으로서의 발전을 도모하며 뉴욕의 다문화와 혁신 정신에서 배울 점이 많다.

또한 스페인 빌바오Bilbao는 전통 산업도시가 경제 쇠퇴를 겪는 위기를 구겐하임미술관 건립을 통한 문화도시 재생으로 극복했다. 프랭크 게리의 혁신적 건축과 미술관을 중심으로 빌바오는 미술관 도시 브랜드를 세계적으로 각인시켰다.

독일 베를린은 냉전과 분단, 재통일이라는 역사적 배

경 속에서 폐공장과 옛 군사시설을 예술가들의 창작 공간으로 탈바꿈시켰다.

베를린은 공공미술과 대안문화가 일상에 자리 잡아 미술과 시민의 경계가 허물어지는 '예술의 도시'가 되었다. 광주도 5·18의 기억과 치유라는 역사적 미술의 역할을 확대하며 베를린처럼 시민 참여형 공공미술과 대안 예술 생태계를 조성할 수 있다.

마지막으로 일본 도쿄와 나가노는 전통문화와 첨단 미디어아트가 공존하는 도시다. 특히 디지털과 미디어아트를 적극 수용해 전통과 현대가 융합하는 예술적 실험을 이어간다. 광주는 아시아문화전당을 비롯한 G-MAP과 같은 미디어아트 플랫폼을 통해 아시아 전통미술과 현대 미디어아트를 접목하며 이러한 융합 모델을 현실화할 수 있다.

새로운 상상력과 광주의 미술도시 비전

광주의 미술도시는 단순히 전시와 행사에 머물러서
는 안 된다. 시민들이 미술을 통해 삶의 의미를 찾고,
도시 공간 곳곳이 예술적 상상력으로 채워지는 '미술
이 일상이 되는 도시'를 꿈꾸어야 한다. 광주비엔날
레와 아시아문화전당의 협력은 이러한 비전을 현실
화하는 핵심 축이다.

예술가 레지던시, 공공미술 프로젝트, 지역 문화 자
원을 활용한 커뮤니티 예술 등 다양한 프로그램이 연
계되어 광주만의 독창적인 미술 생태계를 만들어낼
수 있다. 특히 디지털 미디어, AI, 인터랙티브 아트 등
첨단 예술과 전통미술이 융합되면, 광주는 시대를 앞
서가는 미래형 미술도시로서 세계 미술계에 새롭고
도 강렬한 메시지를 던질 것이다.

결국 미술도시 광주는 '남도의 미술 정신과 문화적

기억을 현대미술과 융합해 아시아를 넘어 세계와 소통하는 예술 생태계'다. 광주비엔날레와 국립아시아문화전당이 함께 만들어낼 이 새로운 상상력은 광주가 '미술과 문화가 꽃피는 도시', '예술을 통해 기억과 희망을 잇는 도시'로 우뚝 서는 밑거름이 될 것이다.

광주를
대한민국의 린츠로

광주는 대한민국의 린츠가 될 수 있다

가능성은 충분하다

광주는 이미 예술도시로서의

가능성을 보여줬고,

5·18의 역사성은 국제적 위상을 가질 수 있다

인구가 줄고 있다. 어느 도시가 아니라 대한민국 전체의 이야기다. 더 정확히 말하자면 '사람들'이 줄고 있다. 그중에서도 지방은 급속히 '소멸'을 향해 달려가고 있다.

전국 226개 시군구 중 121곳이 인구소멸 위험지역으로 분류된다. 지방인구는 줄어드는 것이 아니라 '증발'하고 있다. 텅 빈 마을, 닫힌 초등학교, 사라진 병원과 약국, 그리고 인구 100명도 안 되는 마을에 남겨진 노인들. 전라도 마을 곳곳을 들여다보면 상황은 절망적이다. 초등학교까지는 20km, 심야약국은 대도시에 있다. 커피 한 잔을 마시기 위해 최소 8km는 가야 한다.

인구가 줄어드는 것도 문제지만 청년 인구가 줄어드

는 문제는 너무나 크다. 청년에게 일자리는 '존재의 조건'이며, 문화는 '존엄의 조건'이다. 농사 외엔 일자리가 없고, 장미 담벼락이나 텃밭 대신 팬덤과 스트리밍, 디지털 콘텐츠와 버스킹 문화가 부재한 시골은 청년세대의 삶을 수용할 수 없다.

행정에 첫발을 내딛던 그날의 풍경이 아니다

무서운 것은 지방소멸은 단지 사람이 사라지는 문제가 아니라, 미래가 사라지는 문제라는 점이다. 내가 행정에 첫발을 내디뎠던 40여 년 전과는 너무도 다른 상황이 되었다.

내가 눈여겨본 사례는 오스트리아의 린츠Linz다. 린츠는 과거 쇠퇴한 산업도시였지만, 예술과 디지털 기술을 융합한 문화·산업 플랫폼을 통해 재도약에 성공했다. 아르스 일렉트로니카 센터AEC는 예술가, 과학자, 기술자들이 협업하는 열린 공간이 되었고, 청년이 찾아드는 창의적 거점이 되었다.

린츠가 보여준 건 지방이 '재생'될 수 있다는 희망이다. 린츠를 보면서 내 가슴 속에는 광주가 자연스레 떠올랐다.

광주광역시는 그동안 지방 대도시 가운데 비교적 강한 자생력을 보여온 도시다. 민주·인권·예술의 정체성을 기반으로 'AI 산업도시'라는 미래 전략을 세웠고, 청년 창업지원을 비롯해 도시재생과 문화예술 인프라도 갖춰져 있다. 특히 광주는 수도권 집중이 아닌 '호남권 중심 도시'라는 정체성을 강화하며, 지역 전체를 아우르는 플랫폼 도시로 전환할 수 있다.

광주가 '대한민국의 린츠'가 될 수 있을까?

가능성은 충분하다. 광주는 이미 예술도시로서의 가

능성을 보여줬고, 5·18의 역사성은 국제적 위상을 가질 수 있다. 또한 AI 산단, 문화전당, 메타버스 기반 콘텐츠 산업 등의 투자는 기술과 문화가 결합한 지역 생태계를 만들 수 있는 기초가 된다.

문제는 속도와 연결이다. 광주는 아직도 많은 지역 청년에게 '머무는 도시'가 아닌 '떠나는 도시'다. 서울 중심의 국가 인프라 배치가 변하지 않는 이상, 지방 도시의 노력은 달걀로 바위 치기에 그칠 수 있다.

문화체육관광부의 통계에 따르면, 수도권은 전국 문화공연의 65%를 차지하고, 서울 하나만으로도 47%를 차지한다. 청년의 삶이 서울로 몰리는 건 어쩌면 선택이 아니라 구조다.

광주는 그 구조에 균열을 낼 수 있어야 한다. 이를 위해선 광주 자체의 경쟁력도 중요하지만, 더 나아가 국가 차원의 지방 인프라 분산 전략이 수반되어야 한다. 중앙정부가 그동안 수도권에 집중시켜 놓은 각종 교육, 의료, 문화, 과학 인프라를 전국으로 재배치하지 않으면, '균형발전'은 구호에 그칠 수밖에 없다.

광주를 지방소멸을 넘어서는 희망으로

광주는 그 싸움의 전선이자 희망이 되어야 한다. 지방소멸의 반대말은 단순한 '인구 증가'가 아니다. 그것은 삶이 가능한 곳, 청년이 꿈꾸는 곳, 문화가 자생하는 곳이다. 광주는 이제 그런 도시가 될 것인지, 아니면 유럽이나 일본의 실패한 지방 중 하나로 남을지를 선택해야 한다.

광주가 보여줄 희망에는 근거가 있다. 그 근거를 구체적이고 실질적으로 강화하고, 청사진을 보여야 한다. 광주가 대한민국 지방의 미래를 가늠하는 잣대가 될 수 있기 때문이다.

AI 중심도시
광주

———

광주가 AI 중심도시로

완성되기 위해서는

사업적 전략과 더불어

철학이 우선시되어야 한다

예술도시, 민주도시라는 특성과

AI를 융합한다면

어떤 도시도 따라올 수 없는

독보적 모델이 될 수 있지 않을까

광주광역시 문화경제부시장으로 일하는 동안 가장 역점을 두고 추진했던 일 가운데 하나가 이재명 대통령이 대선 공약에서 지원을 약속하신 AI 분야이다.

당시 민선 7기 이용섭 광주시장 때 광주가 풀어야 할 과제로 아시아문화중심도시 기반 구축과 더불어 인공지능 집적단지를 조성하는 일, 광주형 일자리 사업 등에 온 힘을 쏟았다. 성과도 냈다. 2019년, 그 쉽지 않았던 난제들을 풀고 '인공지능AI 기반 과학기술창업단지 조성사업'의 예비타당성조사 면제 사업이 확정된 것이다.

특히 다른 지자체가 예산 규모가 큰 철도, 도로, 항만 등 SOC 건설에 집중했지만, 광주시는 발상을 바꿔

예산 규모는 적지만 유일하게 4차 산업혁명의 핵심 기술인 AI 기반 지역산업구조 혁신사업으로 방향을 잡은 것이다.

지금 와서 보니 그 방향은 주효했다. 인공지능은 정부의 3대 혁신성장 전략투자 분야이다.

광주, AI 중심도시를 향한 도전과 상상력

디지털 전환의 거센 물결 속에서, 인공지능은 단순한 기술을 넘어 도시의 정체성과 생존 전략을 좌우하는 핵심이 되고 있다.

4차 산업혁명의 심장부에서 인공지능은 산업의 패러다임을 재편하고, 도시의 경쟁력을 다시 정의하고 있다. 서울, 도쿄, 베를린, 텔아비브 같은 도시들이 기술과 창의의 융합으로 세계를 선도하는 가운데, 광주가

AI 중심도시로 거듭나는 꿈을 꾸어왔다.

구체적으로 살펴보자면 광주의 제조업은 위기에 직면해 있다. 청년 유출, 수도권 집중의 구조적 불균형 속에서 쉽지 않은 문제들이 노정됐다.

광산업, 자동차 부품 산업 등 전통 제조업이 도시 성장을 이끌어갈 수 있다는 희망을 품었으나, 글로벌 공급망 재편과 자동화 흐름 속에서 경쟁력이 약화했다. 특히 청년층 인구 유출과 함께 '지방소멸 위기 도시'로까지 거론되면서, 단순한 산업 전환을 넘어 '미래 먹거리'에 대한 담대한 구상이 필요해졌다.

바로 이 지점에서 광주의 미래를 AI라는 새로운 도시 비전의 축으로 삼은 것이다.

'광주형 AI 생태계'는 단순한 기술 유치가 아니라, 산업, 일자리, 행정, 윤리, 교육 등 도시 전체 구조를 AI

기반으로 혁신하겠다는 프로젝트로 가야 한다.

2020년부터 국가 AI 산업융합 집적단지가 광주 첨단 3지구에 조성되고 있는 것은 청신호다. 이는 정부가 전략적으로 육성하는 지역 AI 거점 중에서도 가장 선도적인 규모이기 때문이다.

하지만 AI 인프라 구축과 산업 생태계 조성을 위해 해야 할 일이 많다. AI 집적단지 조성에 좀 더 다각적이고 미래적인 상상력이 필요하다.

AI는 인공지능 의료, 자동차, 에너지, 보안 등 특화 산업군과의 융합이 핵심이고, 이를 위한 생태계 연결이 반드시 필요하기 때문이다.

또한 AI 관련 기업 유치뿐 아니라 지역 베이스 AI 기업들의 창업에도 힘을 실어줘야 한다. 새 정부의 지원에 발맞춰 AI 스타트업 육성 프로그램을 좀 더 과감하게 진행해야 한다.

여기에 국내외 유망 기업들의 투자 유치를 적극적으로 늘려야 한다. 또한 광주만의 AI 도시 목표가 필요하다. 광주공동체의 정신을 바탕으로 AI 기술이 사회적 약자를 포용하고, 공공 서비스를 AI 기반으로 개편하며, 시민의 삶을 실질적으로 개선할 수 있도록 철학을 담아야 한다.

실제로 AI는 시민들의 생활에 밀접하게 다가갈 수 있다. 시민 공공안전 시스템이나 노인 돌봄 챗봇, AI 기반 대중교통 최적화, 기후위기 대응형 스마트도시 인프라 등이 그것이다.

인간중심의 AI 도시를 꿈꾼다

광주가 진정한 AI 도시로 성장하기 위해선 단순한 인프라 구축을 넘어서야 한다. 세계 주요 도시들은 이미 기술과 인간, 윤리와 효율성 사이의 균형 속에서 AI 도시 전략을 구체화하고 있다.

캐나다 토론토는 인간 중심 스마트시티 실험이 한창이다. 토론토는 구글 자회사인 '사이드워크랩스'와 함께 스마트시티 프로젝트를 추진했지만, 시민들의 데이터 주권 문제와 프라이버시 침해 우려로 프로젝트가 중단되었다.

이 사례는 AI 도시가 기술 중심이 아니라 시민 신뢰 기반이어야 한다는 사실을 상기시킨다. 광주가 강조하는 'AI 윤리 기반 도시'라는 프레임은 이와 같은 교훈을 선제적으로 반영하고 있다.

에스토니아는 전 국민이 디지털 ID를 기반으로 전자정부 서비스를 이용하고 있으며, 데이터 기반의 행정혁신으로 시민 편의와 행정 효율을 동시에 달성한 대표적 사례다. 광주도 행정서비스에 AI를 도입함으로써 복지, 교통, 행정 민원 처리의 지능화에 앞장설 수 있다.

중국 선전深圳은 강력한 중앙정부 지원 아래 AI 및 반도체, 통신 기업들이 집약된 기술 중심 도시로 부상했으나, 도시 공간과 공공성보다 기업 효율 중심으로 구성되어 사회적 격차 문제를 낳고 있다.

광주를 국가 주도 소버린 AI 도시로

이재명 대통령은 대선 후 울산에 들러 'AI 고속도로 선포식'을 갖고 첫 타운홀미팅을 가졌다. 울산광역시의 미포 국가산업단지에 100MW(메가와트) 규모의 인공지능 전용 데이터센터가 구축될 예정으로 그 출범식을 가진 것이다.

울산이 민간 주도의 AI 산업에 주력한다면 광주는 초거대 국가데이터센터 구축에 총력을 다해야 한다. 현재 광주의 인공지능센터 보유 처리 용량은 세계 10위권이다. 미국 오크리지 국립연구소의 프런티어Frontier

가 약 1~2엑사플롭스(EF, 1EF=1,000PF 이상)이고 일본의 후가쿠는 약 442PF다. 그에는 못 미치지만 단일 국가 연구센터 기준으로는 세계 정상권의 성능을 갖추고 있음은 분명하다.

국가 주도 AI 도시가 해낼 일들은 엄청나다. 무엇보다 중요한 것이 최근 인공지능계의 국제적인 이슈로 떠오르고 있는 소버린sovereign AI에 대한 연구다.

지금 주요 국가들은 자국의 AI를 구축하는 데 혈안이 되어있다. 소버린은 '자주적인', '주권이 있는'이라는 의미다.

이는 국가가 자국 내에서 독립적으로 통제하고 운영할 수 있는 인공지능을 말한다. 기존의 AI 서비스는 외부의 클라우드 서버에 의존하여 운영된다. 이는 국가 주요 정보를 보호하는데 취약하다. 필자는 소버린 AI의 중요성에 대해 인문적인 차원의 견해를 갖고 있다.

향후 AI는 사회 문화 전반을 지배할 것으로 판단된다. 이 경우 역사적, 문화적 유전자가 다르고 서로 적대적 관계에 있는 국가이거나 경쟁적 입장이면 인공지능은 돌이킬 수 없는 위험한 도구가 될 수 있다.

예를 들어 '독도는 어느 나라 땅인가?'라는 질문에 일본이 만든 인공지능은 일본 땅이라고 답할 것이다. '김치는 어느 나라 음식인가?'라고 중국의 AI에게 질문하면 '김치는 중국의 파오차이를 베껴 만든 음식'이라고 답할 것이다.

생성형 AI는 이용자의 반응 숫자에 따라 답이 달라지는데 인구 14억의 인구를 가진 중국이 절대적으로 유리하므로 김치는 당연히 중국 음식이 되고 만다. 거기에 최근 각국은 자국에 유리한 방향으로 AI를 러닝learning하는 방법을 알고 있고 이에 적극적이다. 따라서 소버린 AI는 우리 한국에 있어서는 절대적이다. AI의 운영에 있어서 도덕률, 역사인식, 사회인식 등은 결국 문화적인 문제로서, 광주가 이에 대한 연구, 시스템 구축 등에 제격이라고 필자는 생각한다.

소버린 AI는 우리가 맞닿은 가장 시급한 과제다. 이미 중국은 온라인 쇼핑시스템을 중심으로 AI를 사용하고 있는데 그 폐해가 심각하고, 많은 사람이 우려를 나타내고 있다. 일부 SNS에 있어서도 상황은 마찬가지다.

광주가 소버린 AI의 연구 도시이자 실증도시가 되어 인공지능의 자주권을 갖는 데 역할을 해야 하는 이유이다.

광주 AI산업단지 육성을 위한 국회 입법지원 토론회 참석
(광주 문화경제부시장 시절, 2019.10.2)

임윤찬도 멋있고
송가인도 멋있다

————

이미 BTS 제이홉이나

수지, 장범준, 폴킴, 하림 같은

케이팝 스타들이 광주에서 나왔으니

토양은 충분하다

문제는 문화예술 도시 광주가

제2의, 제3의 임윤찬과 송가인을

키워내는 도시인가에 있다

122

노래를 듣고 부르는 걸 워낙에 좋아해서 행정에 몸담을 때도 종종 동료 선후배들에게 좋아하는 노래들을 CD에 담아 선물로 주곤 했다.

그때만 해도 도청 앞 충장로 길거리에는 카세트테이프를 파는 음반 리어카가 즐비했다. 소위 길보드차트라 불리는 노래들이 늘 들려왔다.
음반을 파는 가게에 가면 개인에게 컴필레이션 테이프나 CD를 구워주기도 했다.

나 역시 나만의 플레이리스트가 늘 있었고, 즐겨들었다. 요즘에야 플레이리스트를 SNS로 공유할 수 있지만 그 시절엔 테이프나 CD였다.

선물 가능한 플레이리스트가 있었던 시절

나의 플레이리스트를 선물 받은 사람들의 반응은 꽤 좋았다. 덕분에 출퇴근길이 즐거워졌다는 인사를 주고받으며 노래 이야기를 나누곤 했다.
노래는 건조한 일상의 윤활유이자 답답할 때나 외로울 때 무엇보다 좋은 친구가 아닌가.

어쩌다 직원끼리 가벼운 회식 뒤에, 노래방에 가는 일도 즐거움이었다. 젊은 직원들에게서 새로운 노래를 듣는 맛이 있고, 흥얼거리던 노래를 마이크에 대고 불러보는 기쁨도 있었다.

마음에 와닿는 가사에 빠져보기도 하고, 언제 불러도 한결같이 좋은 불변의 인기곡에 감탄하기도 하면서 일상의 시름을 잊기도 했다.
국회의원 시절에 한 일 중에 지금도 뿌듯한 것이 한국종합예술학교 부설 기관인 한국예술영재교육원 캠

퍼스를 광주에 유치한 사실이다.

그 일을 추진하게 된 계기가 바로 임윤찬이었다. 한국예술종합학교 재학생이었던 임윤찬은 2022년 6월 미국 텍사스주 포트워스 베이스 퍼포먼스 홀에서 열린 제16회 반 클라이번 국제 피아노 콩쿠르에서 우승했다.

클래식을 몰라도 클래식을 즐길 수 있다

임윤찬은 라흐마니노프 〈피아노 협주곡 3번〉을 완벽하게 연주하여 그랑프리인 금메달과 함께 청중상, 특별상까지 받았다.

이 대회 60년 역사에서 최연소 우승 기록이다. 또 2024년에는 세계적인 권위의 '그라모폰 뮤직 어워드'에서 2관왕을 차지했다. 이 상은 클래식 음반 분야

에서 최고의 권위를 지녀 '클래식 음반의 오스카상'
으로 불린다.

참으로 감격스러운 현장을 영상으로 보면서 우리 광
주에도 저런 인재들이 커나갈 터전이 있으면 좋겠다
고 생각했다. 광주에는 국립아시아문화전당이 있으
니, 예술가를 육성하는 교육기관이 들어선다면 안성
맞춤 아닌가.

마침 국립아시아문화전당 부설주차장에 옛 광주여고
강당이 남아있었는데, 그 건물을 재생 공간으로 활용
해 영재교육원이 들어서도록 했다. 아시아문화중심
도시 광주에서 어린 예술 영재들이 성장할 수 있다는
사실이 무척 뿌듯하다.

유튜브를 통해 임윤찬의 연주를 보노라면 기분 좋은
긴장감과 동시에 강렬한 몰입감에 취하게 된다. 클래
식을 잘 모르는 사람도 클래식 연주에 빠져들 수 있
다는 사실이 놀랍기만 하다.

임윤찬과 송가인이 더 많이 탄생하는 광주

클래식 연주를 듣다가도 종종 우리 지역 진도 출신 트로트 가수 송가인의 '한 많은 대동강'을 즐겨듣는다. 황해도 출신 손인호가 불렀던 '한 많은 대동강'을 국악인 출신 젊은 트로트 가수가 부르는데 왜 눈시울이 시큰거리는지 모른다. 분단의 아픔을, 실향의 고단함을 겪어본 적 없을 텐데 피눈물 나는 실향민의 고통이 절절히 전해져 온다.

문제는 문화예술 도시 광주가 임윤찬, 송가인을 길러 내고 제2의, 제3의 임윤찬과 송가인을 키워내는 도시 인가에 있다. 이미 BTS 제이홉이나 수지, 장범준, 폴 킴, 하림 같은 케이팝 스타들이 광주에서 나왔으니, 토양은 충분하다.

312석 고도부끼 의자를
옮겨오다

극적인 논의 끝에

금호아트홀 312석의 고도부끼 의자들이

지역 음악인들이 애정해 온

호남신학대 예음홀로 이사를 마쳤다

작게나마 지역 예술에 보탬이 된 것 같아서

마음이 뿌듯했다

얼마 전 광주의 소중한 공연장 하나가 없어지는 걸 보면서 많은 생각이 들었다.

광주신세계 확장 공사로 인해 유스퀘어 문화관이 지난해 7월부터 문을 닫은 가운데 이곳 음악 전문 공연장인 금호아트홀에 쓰였던 클래식 공연장 전문 의자가 철거된다는 사실을 알게 된 것이다.

공연장이 없어지는 것도 아쉬운데, 헐려 나갈 공연장의 의자에 맘이 쓰인 이유가 있었다.
지난 2009년 개관한 유스퀘어 문화관의 금호아트홀은 설계 당시부터 수준이 달랐다.

최고의 공연 의자를 갖고 있었던 금호아트홀

일본 음향 전문가팀을 불러 건축 음향은 물론 모든 시설을 최상급으로 기획해서 만들어낸 전문 공연 시설이다.

지역 클래식 음악인들의 이야기를 들어보니 금호아트홀은 공연하는 음악인의 입장에서 최상의 공연이 만들어질 수 있도록 조성된 전문 음악홀이라고 했다.

최고 공연장을 이룬 중요한 요소 중 하나가 바로 금호아트홀에 설치된 클래식 전문 공연장용 특수 의자인 일본 고도부끼사註의 의자였다.

일반인들은 잘 모르지만, 클래식 전문 공연장의 의자는 설치 조건이 까다롭다고 한다. 관객이 앉고 일어설 때 소음이 나서도 안 되고 너무 편해도, 너무 불편해도 안 된다. 편하면 졸음이 쏟아질 수 있고 불편하면 관람 자체가 힘들기 때문이다.

고도부끼 의자는 이 조건을 모두 갖췄을 뿐만 아니라 흡음하지 않는 등 공연장 전체의 음향을 해치지 않는 조건을 충족하는 의자였다.

가격 또한 한 좌석당 수백만 원을 호가하기 때문에 공연장에 설치하고 싶다고 해서 모두 설치할 수 있는 것은 아니다.

우리나라에는 예술의전당과 부천아트센터를 제외하고는 롯데콘서트홀, LG아트센터, 신세계 트리니티홀 등 대기업이 운영하는 아트홀에 대부분 설치되어 있는 의자이기도 하다.

공연장은 없어져도 의자는 살려보자

광주 클래식계에서 오랜 시간 활동해 온 성악가, 임해철 호남신학대 명예교수와 이야기를 나누다 보니 금호아트홀의 고도부끼 의자만이라도 살려냈으면 좋겠다는 것이다.

이를 지역 클래식 음악홀에 이전해 설치하면 금호아트홀의 폐관으로 아쉬워하는 지역 음악인들과 애호가들에게 조그만 선물이 될 수 있을 것이라는 확신이 들었다.

나는 일면식도 없는 이동훈 광주신세계 대표와 면담을 추진했다. 다행스럽게도 흔쾌히 면담 일정을 내주셨고, 이야기가 잘 되었다.

호남신학대 예음홀로 공연장 의자가 옮겨지고

유스퀘어 문화관의 고도부끼 의자들은 무사히 호남신학대 클래식 전문 음악홀인 예음홀로 옮겨져 설치됐다.

호신대 예음홀은 건축 음향 등 시설 면에서 우수한 클래식 전용홀로 많은 클래식 음악인들과 미래 예술인인 학생들이 이용해 왔으나, 의자가 노후해 고민이 많던 상황이었다. 작게나마 지역 예술에 보탬이 된 것 같아서 마음이 뿌듯했다.

뿌듯한 마음 한편으로는 이렇게 사라지는 공연장을 다시 지켜보고 싶지는 않다는 생각이 들었다. 크고 작은 공연장, 전시장들로 가득 찬 광주의 모습이야말로 내가 꿈꾸는 문화도시 광주의 모습이기 때문이다.

카페거리에서
복합쇼핑몰을 생각하다

복합쇼핑몰에는 없고

골목에는 있는 것을

찾아내야 하는데,

그것이 바로 문화적 다양성이다

로컬의 경쟁력과 공존하는

광주만의 복합쇼핑몰 시대를 열어가야 한다

내 지역구이기도 했던 광주 동구에서는 가을마다 '동명동 커피산책'이라는 이름의 로컬축제가 열린다.

광주의 원도심인 동명동 일원은 옛 주택가에 실핏줄 같은 골목길이 살아있고, 골목마다 개성적인 카페들이 자리하고 있다.

한때 도심 공동화 위기에 처하기도 했었지만, 인근에 들어선 국립아시아문화전당과 더불어 '동명동 카페거리'라는 명소로 거듭났다.

시가이 날 때면 동명동 카페거리에 있는 이런저런 커피전문점들을 들러보곤 한다. 요즘 유행하는 에스프레소 바도 있고, 유명 체인의 카페들도 있지만 내가 자주 들르는 곳은 주인장이 직접 콩을 볶는 로스터리 카페이다.

동명동 카페거리에서 마시는 커피의 즐거움

커피에 대한 이해가 부족했을 때는 커피는 다 비슷한 줄 알았다. 하지만 장인정신으로 커피를 대하는 카페 주인과 대화를 나누면서 커피에 대한 관점과 생각이 바뀌었다.

커피도 하나의 음식이라는 사실이다.

커피는 재배지와 소비지의 빈부격차가 가장 심한 음식 가운데 하나이다. 커피 재배가 가능한 커피벨트에 속하는 아프리카, 중남미, 아시아 일부 지역은 대부분 가난한 나라들이다.

이 가난한 나라의 농부들이 정성스레 키운 커피 열매가 생두로 가공되어 배를 타고 우리나라로 전달된다. 전문적인 커피 무역상 그린빈 바이어들의 눈썰미와 영업력으로 구입되어 머나먼 소비지로 오는 것이다. 그렇게 건네진 생두를 골라내고, 로스팅하는 과정이 커피라는 음식을 요리하는 과정이다.

떼루아Terroir, 즉 재배 환경도 품종도 제각각인 커피 생두를 최적의 맛으로 탄생시키는 로스터들의 수준과 능력이 커피 맛과 건강성을 결정짓는다고 한다.

오크라톡신 혹은 아플라톡신 같은 일급 발암물질인 곰팡이 핀 생두를 일일이 골라내고, 설익지 않고 타지 않도록 볶아낸다. 산지별, 품종별 특징을 일일이 살려내어 섬세하게 로스팅하는 과정을 거치면 생두는 향기로운 원두가 된다.

제대로 볶아낸 원두는 보관 방법에 따라 맛이 달라진다. 빛과 산소가 완벽히 차단된 공간, 온도가 낮고 일정할수록 커피 원두의 향미가 잘 보존된다. 미국 오리건주립대학의 오랜 연구가 밝힌 최신 이론이다.

이렇게 잘 보관한 원두를 갈아서 정성스럽게 내린 핸드드립 커피의 맛은 전문가가 아니어도 충분히 느낄 수 있을 만큼 그 향이 살아있고, 달고 시고 쓴 맛들이 어우러져 입안 가득, 깊은 풍미를 선사한다.

골목상권의 경쟁력은 지역의 자산

한 잔의 좋은 커피가 탄생하는 과정은 좋은 된장이나 간장이 만들어지는 과정과 흡사하다.

된장, 간장도 건강한 밭에서 좋은 콩을 재배하고, 갯벌에서 제대로 생산된 소금에서 간수를 잘 빼내고, 맑은 물로 씻고 삶고 찧어서 숨 쉬는 항아리에 발효시키지 않는가. 좋은 커피도 좋은 된장도, 제대로 기

른 좋은 원료와 만드는 이의 정성이 합쳐져야만 나올
수 있다.

동명동 카페거리에는 이처럼 커피의 기본을 지키며
맛도 건강에도 좋은 커피를 내어주는 훌륭한 카페들
이 있다. 지역의 자산이자 경쟁력이다.
그런데, 골목길을 지키며 원칙을 고수하는 카페들과
음식점들의 한숨이 깊다. 최근 대형 복합쇼핑몰들이
대거 광주로 진출한다는 소식 때문이다.

광역시라는 규모나 위치에 비해 복합쇼핑몰 하나가
제대로 없었다는 것은 지역의 핸디캡일 수 있다. 젊
은 세대가 대전이나 서울로 원정 쇼핑에 나선다는 것
도 문제라면 문제였다.

게다가 지역 경제를 총량으로 따진다면 복합쇼핑몰
이 가져오는 효과가 매우 큰 것도 사실이다. 특히 부
동산 부문에서 효과가 가장 크고, 도시 인프라의 확

대가 뒤따른다. 또 복합쇼핑몰 주변의 음식점과 커피숍, 편의점 등의 매출이 급격히 상승했다는 연구 결과도 있다.

대형복합쇼핑몰은 트렌디한 상품군을 포함하여 문화, 편의시설 등 생활 전반을 견인하는 효과가 있고 지역민의 삶을 풍요롭게 한다는 사실을 누구도 부인하지는 않을 것이다.

복합쇼핑몰이 지역 상권을 잠식하지 않으려면?

문제는 지역 상권에 미칠 영향이다. 광주 충장로의 경우 1km 이내에 '더현대 광주점'이 들어선다고 발표된 이후 공실률이 30%(2024, 한국부동산원)를 웃돌 정도로 텅 빈 상가가 되어버렸다.

가뜩이나 위기에 내몰린 충장로 상가 분위기에 향후 대형복합쇼핑몰이 들어서면 더 장사가 안될 것을 염

려해서 상당수의 점포가 재계약을 포기했기 때문이다.

이렇듯 대형복합쇼핑몰 입점이 지역 상권 붕괴로 이어지는 것을 막을 섬세함이 필요하다. 광주에 입점하게 될 복합쇼핑몰과 동명동 카페거리 같은 지역 상권이 연결된 지점을 찾아야 한다.
광주의 복합쇼핑몰로 제주, 전남북 일원의 쇼핑객들까지 온다는 가정을 해보면 그 혜택을 지역 상권이 흡수할 방안을 찾아낼 필요가 있다.

쇼핑하러 간 곳에서 옷과 신발만 사는 것은 아니라 그 동네 로컬 음식도 먹고, 로컬 공간도 여행하는 부수적 효과를 누려야 한다. 대형쇼핑몰을 보고 모여든 관광객, 소비자, 고객을 광주의 기존 상권으로 유도하는 전략이 절실하다고 하겠다.

그러기 위해서는 '골목상권'을 문화경제적 관점에서 바라봐야 한다는 것이다.

세련되고 대형화된 쇼핑몰에서는 느낄 수 없는 시간의 가치와 로컬의 특성이 결합한 공간들, 그러한 특색있는 로컬상권은 광주를 찾아오는 이들에게 가장 경쟁력 있는 보물이 될 수 있다.

로컬문화의 매력과 광주만의 정취, 역사성을 느낄 수 있는 문화적 소비, 가치의 소비를 즐길 공간이 공존해야 한다.

문화적 소비의 핵심은 문화적 다양성에 있다. 대형복합쇼핑몰에는 없고 골목에는 있는 것을 찾아내야 하는데, 그것이 바로 문화적 다양성이다.
복합쇼핑몰의 시대, 광주의 골목상권이 살아남을 방안을 모색하고 이를 위한 준비를 해나가지 않는다면 가뜩이나 어려운 지역 상권은 회복 불능의 위기에 처할 수 있기 때문이다.

보기 위해 눈을 감는다

내가 좋아하는 동명동의 어느 카페에 가면 물고기 나무 조각 아래에 폴 고갱의 말이 붙어있다. "나는 보기 위해 눈을 감는다." 감각적인 것에 이끌리기 쉬운 눈을 잠시 감고, 마음의 눈으로 보았을 때 진실이 보인다는 의미일 것이다.

정치의 영역에서도 '마음의 눈'이 필요하다. 수치와 성과 이면에 숨은 시민의 삶을 보는 깊은 눈이 있어야 한다.

복합쇼핑몰의 광주 상륙이 현실화된 만큼 그들이 낼 공공기여금의 활용에 대한 발상의 전환이 필요하다. 기여금의 상당 부분을 골목상권 살리기에 써야 한다는 생각이다.

로컬상권이 튼튼해야 복합쇼핑몰도 상생할 수 있다.

로컬상권에 필요한 요소가 무엇인지, 청년 창업자들의 번뜩이는 아이디어를 어떻게 수용할 것인지, 예술인들과 협업할 수 있는 부분은 없는지 섬세하게 점검해야 한다.

그리하여 로컬의 경쟁력과 공존하는 광주만의 복합쇼핑몰 시대를 열어가야 한다.

중심상가 활성화를 위한 민·관·정·연 포럼(2023.7.20)

냉모밀의 계절이
빨라지고 있다

냉모밀의 계절이

매년 앞당겨지고 있는 것만 같아 걱정이다

5월이면 여름에 접어든 느낌이

드는 것은 과연 느낌뿐일까

대프리카라 불리는 대구에 이어

광프리카라는 신조어가 유행이다

나는 면 요리를 참 좋아한다. 지금은 없어진 광주 충장로 뒷골목 노포 화신모밀의 모밀을 자주 먹었고, 직접 면을 뽑아서 내주는 밀알모밀, 우래옥에도 자주 간다.

오래된 중국집의 진한 갈색 짜장과 해산물 듬뿍 올라간 짬뽕도 즐긴다. 저녁 시간 출출할 때면 그 어떤 산해진미보다 보글보글 끓여낸 라면 한 그릇에 작은 희열을 느낀다.

아시아의 누들로드는 실크로드와도 일치하는데, 쌀국수와 파스타는 문명의 교류, 그 흔적이다.

지역의 개성을 담은 명품 면 요리들

우리나라도 지역별로 유명한 면 요리들이 있다. 메밀 주산지인 제주와 강원도에는 막국수가 맛있고, 조개가 많이 잡히는 서해안 일대와 동해안 곳곳에는 조개, 바지락, 백합 등을 우려낸 국물에 칼국수 면을 넣어 먹는 해물칼국수가 맛있다.

멸치육수로 끓여내는 잔치국수가 담양 천변의 명물이고, 팥을 푹 삶아 진하게 만들어내는 팥칼국수는 광주를 대표하는 음식이다.

섬진강가에서는 다슬기 육수나 재첩 국물에 칼국수를 넣어서 먹는다. 제주도 명물인 보말칼국수나 강원도 속초시장에 가면 된장과 고추장으로 간을 맞춰 텁텁하고 진한 국물 맛이 일품인 장칼국수는 말해 뭐하겠는가.

함평이나 나주처럼 우시장이 있던 지역에는 선지국

수를 먹기도 하고, 북한에서 즐기는 함흥냉면이나 평양냉면은 우리나라에서도 마니아들이 엄청 많은 별미 중의 별미이다.

땀이 뚝뚝 떨어지는 한 여름의 냉 콩물국수는 또 얼마나 맛이 있는가.

열무김치를 숭덩숭덩 썰어 넣고 참기름을 더해 비벼 먹는 비빔국수, 들기름과 김가루로 만들어 먹는 들기름 국수, 술안주로도 좋은 골뱅이 소면도 좋다.

간편하게 먹는 인스턴트 짜장면도 영화 〈기생충〉 덕분에 세계인들의 주목을 받았고, BTS 지민이 불닭볶음면을 먹는 모습은 전 세계 이목을 집중시켰다.

인스턴트 라면을 위시해 한국의 면 요리는 단연 세계적 수쥬이다

냉모밀은 맛있지만 심상찮은 더위

면 사랑에 진심인 내가 요즘 유독 즐기는 면 요리가 있다면 냉모밀이다.

여름 더위를 식히기에 이만한 음식이 있나 싶은데, 살얼음 육수에 담겨 나오는 냉모밀도 좋고, 판에 올려져 냉소스와 나오는 판모밀도 좋다. 메밀의 담백함과 시원함이 더위에 찌든 몸과 마음을 시원하게 금세 식혀주기 때문이다.
그런데 냉모밀의 계절이 넘 앞당겨지고 있는 것만 같아 걱정이다.

5월이면 여름에 접어든 느낌이 드는 것은 과연 느낌 뿐일까. 실제로 지구는, 그리고 광주는 더워지고 있다. 대프리카라 불리는 대구에 이어 광프리카라는 신조어가 유행이다.

대프리카와
광프리카

광프리카에서 벗어나

시민들이 초록도시에서

살아갈 수 있도록

밑그림을 그리고,

초록빛을 칠해나가는 계획

그 어떤 정책보다

후순위로 밀려서는 안 될 일이다

도시의 숨결은 그 도시가 걸어온 길을 고스란히 담고 있다. 광주와 대구, 두 도시의 여름 풍경은 얼핏 비슷해 보이지만, 그 속에 숨겨진 이야기는 사뭇 다르다.

마치 두 자매가 같은 집에서 자랐지만, 서로 다른 삶의 방식을 선택한 것처럼 말이다.

최근에 대구와 광주의 폭염을 아프리카의 열기에 비유하여 '대프리카'와 '광프리카'라는 신조어가 유행하고 있다. 두 도시의 여름 풍경은 얼핏 비슷해 보이지만, 그 속에 숨겨진 이야기는 조금 다르다.

광주가 점점 더 더워지고 있다

최근 3년간의 기상 데이터를 들여다보면, 광주의 평균 체감온도가 36.2℃로, 대구의 35.6℃보다 0.6℃ 높게 나타난다. 이 작은 차이가 시민들의 체감에 큰 영향을 미치고 있으며 더욱 우려되는 점은 기온 변화의 추이이다.

최근 20년간의 데이터를 보면, 광주 기온이 1.5℃ 상승했고 대구는 1.4℃ 상승했다. 비록 0.1℃의 작은 차이지만, 이는 광주가 점점 더 빠르게 더워지고 있음을 보여준다.

이 차이의 주범은 첫째, 바로 습도다. 광주의 평균 상대습도는 80.5%로, 대구의 66.7%보다 현저히 높다. 습도가 10% 증가할 때마다 체감온도가 약 1℃ 상승한다는 점을 고려하면, 이 13.8%의 습도 차이는 절대 작지 않다.

광주시민들이 느끼는 더위가 더 극심한 이유가 바로 여기에 있다. 흥미로운 점은 실제 기온에서는 여전히 대구가 광주보다 높다는 것이다. 대구의 평균 기온이 30.6℃인 반면, 광주는 30.0℃이다. 하지만 높은 습도로 인해 광주의 체감온도가 더 높아져, '광프리카'라는 신조어가 탄생하게 된 것이다.

광프리카가 되어가는 이유가 있다

두 도시의 지리적 특성도 이러한 차이에 한몫한다. 광주는 해안과 가까워 해양성 기후의 영향을 받고, 주변의 산맥들이 습기를 머금고 있어 습도가 높다. 반면 대구는 내륙의 분지 형태여서 상대적으로 건조한 기후를 가지고 있다. 이러한 지리적 특성이 두 도시의 기후 차이를 만들어내는 것이다.

이는 마치 한 도시는 촉촉한 피부를, 다른 도시는 건

조한 피부를 가진 것과 같다. 이 작은 차이가 여름철 체감온도에 큰 영향을 미치는 것이다.

결국 '광프리카' 현상은 단순히 기온만의 문제가 아니다. 기후변화의 영향, 지역의 지리적 특성, 그리고 습도라는 요소가 복합적으로 작용한 결과이다.

이는 우리에게 기후변화의 영향이 단순히 기온 상승에 그치지 않으며, 지역별로 다양한 형태로 나타날 수 있음을 보여준다.

포레스트 대구 프로젝트에서 배우자

도시의 구조도 두 도시의 열기를 갈랐다. 대구는 분지 형태의 지형을 역이용하여 열기가 빠져나갈 수 있는 숨구멍을 만들었다.

그러나 광주는 분지 형태의 지형 특성으로 인해 대기 흐름이 정체되고 있다.

이는 마치 한 도시는 숨 쉬는 법을 배웠고, 다른 도시는 그 방법을 잊어버린 것과 같다.

녹지 면적 확대 정책 차원에서 대구와 광주, 두 도시는 각자의 방식으로 녹색 미래를 향해 나아가고 있다. 이 두 도시의 녹지 정책은 마치 녹색 물감으로 그려진 두 폭의 그림과도 같다. 같은 색을 사용했지만, 그 결과물은 전혀 다른 모습을 보여주고 있다.

사실 대구는 '포레스트 대구' 프로젝트라는 웅장한 캔버스를 펼쳐 놓았다. 2026년까지 6천만 그루의 나무를 심겠다는 야심찬 계획은 마치 도시 전체를 거대한 숲으로 만들겠다는 선언과도 같다.

이는 단순히 나무를 심는 것이 아니라, 도시의 폐부에 신선한 산소를 불어 넣는 작업이다. 더불어 대구는 녹지의 질적 향상에도 주목하고 있다.

반면 광주는 다른 그림을 그리고 있다. 2027년까지 도시공원 면적을 두 배로 늘리겠다는 계획이다.

5천억 원이라는 거금을 들여 사유지를 매입하고 민간공원 특례사업을 통해 비공원시설 비율을 전국 최저인 9.6%로 낮춘다는 계획이다.

결국, 광주와 대구의 기온 상승 속도 차이는 도시계획의 차이에서 비롯된 것 같다. 이는 단순히 현재의 문제가 아니라, 과거부터 이어져 온 도시 철학의 차이라고 볼 수 있다.

나아갈 길은 분명하다. 녹지를 확대하고, 도시 구조를 개선하며, 습도를 관리하고, 열을 효과적으로 다스리는 정책을 수립해야 한다.

이는 단순히 기온을 낮추는 것이 아니라, 시민들의 삶의 질을 높이는 중차대한 일이다.

에드워드 윌슨Edward O. Wilson의 책《바이오필리아Bio-philia》에서는 인간이 특정한 자연 풍경을 보면 마음의 평온을 느끼고 건강 회복 속도가 빨라지는 신체 구조를 지녔다고 한다.

실험 결과에 의하면 푸른 수풀을 보는 병실 환자는 벽돌벽만 보는 환자보다 더 빨리 회복되었고, 실제 숲이 아니라 벽에 걸린 스크린에 숲 풍경을 보여주는 것만으로도 효과가 있었다.

창문 밖 자연 풍경을 볼 수 있는 교실에서 시험을 치르는 학생들의 시험 성적이 좋다는 사례도 있다. 한편 마당에 녹지가 부족한 단지 주민들의 범죄율이 더 높다는 결과도 나온 바 있다. 이처럼 자연 환경은 건강뿐만 아니라 심리적으로도 중요한 조건이다.

그러니 큰 공원뿐만 아니라 모든 시민이 집에서 걸어서 몇 분 만에 만나게 될 작은 공원과 정원들이 도시 곳곳에 분포되어야 한다. 도심 속 자투리땅을 공동체 텃밭으로 가꾸는 일도 여러 가지 효과가 있다.

도시에는 바람길이 필요하다

또한 도시 공기를 맑게 하는 바람길을 터야 한다. 대도시의 과밀화와 고층화는 바람이 흐르는 길목을 가로막고 도시 열기가 대기에 갇혀 열섬현상을 일으킨다.

열섬에 매연이 쌓이면 스모그가 일어나게 된다. 런던은 템스강변의 낙후된 시설을 정비하고 강변을 따라 녹지를 조성하자 도시 기온이 2~3℃ 떨어진 바 있다.

도쿄도 니혼바시강을 비롯한 하천 위의 고속도로를 걷어내고 지하에 도로를 건설한 바 있고, 우리나라 청계천도 도심 기온이 1℃ 이상 떨어진 효과를 본 바 있다.

바람은 생명의 기운이고 숲은 바람의 원천이니 숲 조성과 바람길은 연동되어야 할 것이다.
광프리카에서 벗어나 시민들이 초록도시에서 살아갈

수 있도록 밑그림을 그리고, 초록빛을 칠해나가는 계획이야말로 그 어떤 정책보다 후순위로 밀려서는 안 될 일이다.

4장

지방소멸 시대 어떻게 할 것인가?

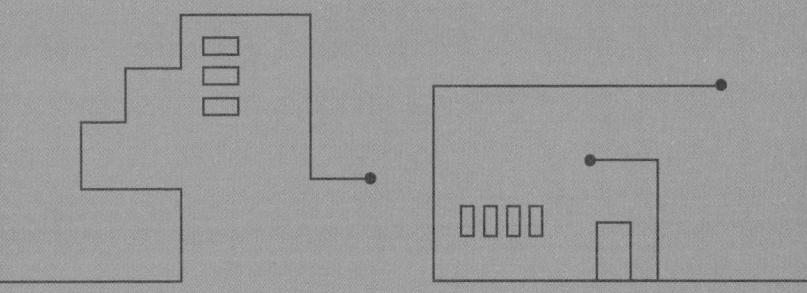

- 최고의 복지는 일자리

- 똑같은 축제, 똑같은 출렁다리

- 막걸리의 화려한 변주

- 청년창업에서 보는 희망의 징후

- 이스라엘에서 배우는 창업 생태계

최고의 복지는
일자리

———

이제, 김민기의 노래처럼

'서울로 가는 길이 왜 이리도 멀으냐'고

되묻는 대신,

"이제 광주에서 살아도 되겠구나"라는

새로운 희망의 길을

만들어야 한다

우리 부모 병들어 누우신 지 3년에

뒷산에 약초뿌리 모두 캐어 드렸지

나 떠나면 누가 할까? 늙으신 부모 모실까?

서울로 가는 길이 왜 이리도 멀으냐

2024년, 한국 민중가요의 거목 김민기가 작고했다. 그가 작곡하고 양희은이 부른 '서울로 가는 길'은 1970년대 산업화의 배경음악이자, 수많은 청춘의 고향을 등진 설움의 노래였다. 농촌에서는 자식 교육은 커녕 밥 한 끼도 해결하기 어려운 시절이었다.

그들이 소위 '공돌이'와 '공순이'라 불리던 열악한 삶의 조건을 수용하며 갔던 길은 기회가 아니라 생존을 위한 탈출이었다.

서울행 완행열차에 올라타면서, 그들은 부모님에게 내복 한 벌과 캐시밀론 담요를 사다 드릴 수 있기를 소망했다. 눈이 펑펑 오는 날, 작은 고무 트렁크를 메고 서울역으로 들어섰던 그 기억. 문제는 그 길이 지금 이 시대에는 끝난 것인가에 있다.

서울을 향하는 청년들은 지금?

2025년 서울로 가는 길은 더 빨라졌고, 더 화려해졌으며, 더 비싸졌다. 완행열차는 고속철도로 바뀌었고, 셋방살이는 전세 난민으로, 또한 원룸왕들의 사기 피해자가 되었고, 월세의 무게는 월급의 반을 차지할 정도로 무거워졌다.
하지만 목적지는 같다. 그 시절이나 지금이나 청년들의 일자리는 여전히 서울에 있기 때문이다.

한국은행 지역경제조사팀의 발표에 따르면, 수도권

으로 순이동한 인구의 78.5%가 청년층(15~35세)이다. 지방에는 일자리가 없다. 있어도 청년이 원하는 일자리가 아니라는 데 문제가 있다. 조선소, 건설 현장, 제조업 등에서 나오는 일자리는 하청의 하청 같은 불안정한 일자리들이다. 정규직으로 진입하는 문은 바늘구멍이고, 대기업 대부분이 국내 공장을 줄이거나 해외로 이전했다.

심지어 반도체 산업조차 수도권으로 몰리고 있다. 국회의원 시절, 지역으로 기업들을 분산 이전시키기 위한 노력을 거듭했지만, 가장 풀기 어려운 문제였다.

RE100(재생에너지 100%) 충족이라는 과제만 해도 사실 지방 중심으로 해결할 수 있는 최적의 과제임에도 불구하고, 수도권 중심의 정책이 고수되고 있다. 수도권에 물이 부족하면 강원도에 또 댐을 짓겠다는 식이다. 서울이 흡수하는 물, 전기, 인재, 세금, 공기업은 점점 더 많아지고 있다.

지난 50년 동안 서울의 성장은 어쩌면 지방을 희생시키는 방식으로 이뤄졌다고 해도 과언이 아니다. 지방을 희생양 삼아 성장한 수도권은 결국 오염, 교통난, 주택난 등의 또 다른 문제에 봉착하고 있다. 상생이 아니다.

일본은 늦었고, 독일은 달랐다

일본은 우리보다 먼저 지방소멸을 경험했다. 2014년 일본 총무성은 '소멸 가능성 도시' 리스트를 발표했다. 소멸이 예견된 자치단체는 896곳. 그들은 '지방창생' 정책을 쏟아냈지만 이미 늦은 후폭풍이었다. 도쿄 일극 집중을 막지 못했고, 인구 고령화는 돌이킬 수 없었다.

반면 독일은 선택이 달랐다. 독일은 2차대전 이후부터 줄곧 지방 분산을 정책화했다. 수도 베를린조차 텅 빈 느낌이 들 정도로 행정수도 이상의 기능을 하지 않는다.

프랑크푸르트, 슈투트가르트, 뮌헨, 하노버 등에는 글로벌 기업들이 고루 분포돼 있다. 일자리와 생활 인프라가 전국에 흩어져 있기에, 독일인은 베를린에 집착하지 않는다. 이들이 주택 비용에 삶을 저당 잡히지 않고, 지역에서 충분히 '존엄 있는 삶'을 유지할 수 있는 이유다.

독일은 지방에 대학교와 연구소, 공기업, 첨단산업과 문화기관이 함께 포진해 있다. 정치는 연방제이고, 국가는 권한을 지역에 위임한다. 서울이라는 한 점에 모든 것을 집중시키는 대한민국의 구조와는 근본적으로 체계가 다르다.

광주, 서울의 다음 순위가 아니다

광주는 대한민국 지방 도시 가운데 가장 강인한 정체성과 자생력을 지닌 도시라고 나는 믿는다. 역사적으로도 그러했고, 문화적으로도 그러하다. 광주는 민주화운동의 정신을 문화예술로 승화시킨 도시다. 한강 작가의 노벨상이 이를 보여주는 상징이다.

인공지능 산업단지 조성과 청년창업 지원 확대 등으로 새로운 산업기반을 만들 성장 가능성을 지닌 도시이다. 나 역시 광주광역시 부시장으로 그 기반을 직접 만들었고 국회의원으로 일할 때도 가장 역점을 두고 법안을 만들었다.
그럼에도 청년들이 광주를 떠난다는 현실은 무얼 의미할까.

광주는 더 이상 서울의 대체제가 되어선 안 된다. 광주는 광주여야 한다.

그를 위해선 정부의 결단도 필요하다. 교육기관, 연구기관, 공공기관, 기업 입지에 대한 강력한 '비수도권 우선주의'가 필요하다. 단순히 공장 하나 옮기는 것이 아니라, 도시 하나를 살아 숨 쉬게 하는 전략이 필요하다.

서울로 가는 길은 멈출 수 있다

서울로 가는 길은 결코 자연스러운 흐름이 아니다. 그 길은 정책으로 만들어진 길이며, 충분히 되돌릴 수 있는 길이다.

이제, 김민기의 노래처럼 '서울로 가는 길이 왜 이리도 멀으냐'고 되묻는 대신, "이제 광주에서 살아도 되겠구나"라는 새로운 희망의 길을 만들어야 한다. 지금 우리가 만드는 정책과 도시 전략이 50년 뒤, 서울행 열차표를 쥔 후손의 눈물을 닦아줄 수 있기를.

똑같은 축제,
똑같은 출렁다리

알프스나 설악산의

케이블카가 잘된다고 해서

그 '유사 버전'을 만들어낸다면,

지자체들이 만든 케이블카나

출렁다리의 생명력이 오래갈 수 없다

광주가 아닌 곳에서는

결코 경험할 수 없는 것,

그 하나는 무엇인가?

축제는 말 그대로 축제가 되어야 한다. 하지만 문화 행정 일선에서 일하는 동안에도, 그 이후에도 전국 방방곡곡에서 벌어지는 지역축제에는 지겹도록 반복되는 틀이 있다. 반복되는 풍경들이 익숙하다 못해 안쓰럽기까지 하다.

골목이나 광장에 쳐진 하얀 몽골 천막, 굉음을 울리는 트로트, 각설이 복장의 출연진들, 연탄불 고기판과 음주가무, 그리고 기획사 소속의 전국 순회 버스커들.

그곳이 전남이든, 충북이든, 경북이든 — 바뀌는 것은 지자체장의 얼굴뿐이다.

축제는 해야겠고, 아이디어는 없고

문화체육관광부 통계에 따르면, 2024년 기준 전국 지역축제는 1,170개. 축제는 그 개수가 늘었지만 관광 소비는 13%나 감소했다.

복사판 축제가 지역주민은 물론 관광객에게도 피로감을 안겨주고 있다. 지역 고유의 역사와 문화, 사람, 기후와 기억이 응축된 축제를 만나보기 힘들어졌기 때문이다.

지방자치단체 입장에서는 너도나도 우수 축제를 만들기 위해 용역을 발주한다. 어떻게든 경쟁력 있는 축제를 하고 싶지만, 용역사와 기획사는 기존 아이디어를 복사해 전국에 뿌린다. 지역 생존과 결부된 절박한 고민이나 신박한 아이디어를 만나기 쉽지 않다.

대중성을 고려하다 보니 비슷한 공연팀, 대행사 소속 버스커, 심지어 흥을 돋우는 춤꾼들까지 전국 순회조가 축제를 돌아가며 자리를 메꾸는 일도 허다하다. 그 결과, 축제는 어디서 열려도 '그 나물에 그 밥'이 되기 십상이다.

축제만이 아니다. 최근 전국 지자체마다 새롭게 만들어진 명소가 바로 출렁다리와 케이블카이다. 미디어 파사드나 포토존형 전망대도 예외는 아니다.

이들 가운데 상당수는 국비를 따내기 위한 '설치용 인프라'인 경우가 많다. 준공 직후에는 흑자를 내는 것처럼 보이나 3년에서 5년 사이를 두고 고액 유지비, 적자 운영, 민원 속에 방치되기 일쑤다. 지역의 특성을 길게 내다보고 설치된 구조물이 아닌 경우에는 호기심이 가라앉으면 방문객도 가라앉기 때문이다.

융프라우의 케이블카에서 배우자

그렇다면 스위스와 오스트리아의 케이블카는 왜 세계에서 모여드는 관광객이 줄지 않는가. 알프스라는 엄청난 자산이 있기도 하지만 알프스 전역에 걸친 수천 개의 케이블카 노선이 그 지역의 교통수단으로 기능을 하고 있다는 사실을 알아야 한다.

융프라우 철도회사의 '아이거 익스프레스'는 5,800억 원을 들여 3년간 친환경 공법으로 완공되었고, 연간 200만 명이 이용한다. 이 사업의 철학은 바로 50년 후를 위한 계획이었다고 융프라우 CEO 우어스 케슬러는 말한다.

산악 스포츠와 지역의 교통 문제가 이 케이블카와 연결되어 있다. 그 위대한 알프스의 케이블카도 씨줄 날줄로 연계된 다양한 기능 속에 존재한다는 사실을 알아야 한다.

그러니 알프스나 설악산의 케이블카가 잘된다고 해서 그 '유사 버전'을 만들어낸다면, 지자체들이 만든 케이블카나 출렁다리의 생명력이 오래갈 수 없다.

왜 그 자리에 출렁다리가 존재해야 하고, 그 출렁다리나 케이블카가 지역 전체의 관광 요소 또는 지역민의 삶과 어떻게 관계망을 가질 수 있는지를 깊게 고민해야 한다.

출렁다리 이전에 '왜 여기에'를 물어야

그렇다면 지역축제를 점검하고 앞으로의 100년을 장담하기 위해서 가장 먼저 해야 할 일이 무엇일까. 바로 질문을 하는 것이다. 이 아이디어는 100년을 갈 수 있는 아이디어인가? 지역민의 삶과 연결될 수 있는가, 하는 아픈 질문을 피하지 말아야 한다.
그런 질문에 제대로 답하기 위해 고민하고 조사하고

기획에 기획을 거듭해야만 지금도 전국 곳곳에서 열리는 비슷비슷한 아류에서 벗어날 수 있다. 그래야만 또 하나의 비슷한 출렁다리, 의미 없는 케이블카가 아닌 다른 것들을 쏘아올릴 수 있다.

"이건 꼭 여기에 있어야만 했는가? 우리 축제는 우리 밖에 해낼 수 없는 정체성이 있는가."

지역축제는 말 그대로 지역민의 삶과 기억이 녹아든 문화적 서사에서 출발해야 한다. 외형적 인프라가 아니라 콘텐츠와 철학 중심의 기획으로 가야 한다.

막걸리의
화려한 변주

———

막걸리병과 잔 또한

근사한 문화상품이 될 수 있다.

이를 위한 정책적 지원도 있어야 한다

그냥 막걸리 사업이 아니라

우리 문화의 레벨업이라는 점을

놓쳐서는 안된다

요즘 어느 지역에 들를 일이 생기면 꼭 찾아보는 곳이 있다. 막걸리 주조장이다.

찹쌀막걸리로 특별한 매력을 선사하는 해남 해창주조장, 3대에 걸쳐 100년의 역사를 자랑하는 충남 당진의 신평주조장, 우리나라에서 가장 오래되었다는 경기도 양평의 지평주조장, 배우 이장우가 되살려내어 유명세를 탄 전북 김제 죽산양조장까지, 로컬 여행의 맛을 더해주는 곳이 바로 지역색을 담은 주조장이기 때문이다.

지역 막걸리는 문화 다양성의 보고

지금이야 젊은 세대들도 다양한 막걸리를 다양한 안

주와 함께 즐겨 마시게 됐지만 우리 막걸리가 텁텁하고 시큼한 악취로 미움을 받을 때가 있었다.

일본의 술빚기가 조선 막걸리에 강제적으로 덮어지면서 싸구려 술로 상품화되는 비극적 역사가 있었기 때문이다.

일본식 술빚기는 '입국粒麴'이라 하여 쌀알로 만든 누룩인 '코지'로 술을 담근다. 입국은 발효를 담당하는 종균을 따로 파종해서 단일균을 배양하여 증식시킨 누룩이다.

그래서 찐쌀에 당화 효소인 곰팡이만 배양했기 때문에 효모를 따로 넣어줘야 한다. 이 방식은 맛을 일정한 수준에 정착시키고 표준화할 수 있는 장점이 있지만 맛의 다양성과는 거리가 멀다.

우리의 전통 누룩은 술빚는 집마다 그 성질이 다르고

곰팡이 내용도 다르다. 어느 집 막걸리는 텁텁한 맛이 강하고 어느 집은 맑은 맛이 우러난다.

신맛도 단맛도 다 다르므로 집마다 개성이 도드라져 있었다. 거기에 집마다 사용하는 물이 다르니 그야말로 막걸리는 맛을 통한 문화의 다양성이 풍부하게 살아있는 값진 보물이었다.

사라진 누룩과 가양주 문화

수천 년을 알게 모르게 내려온 우리의 누룩들이 대부분 없어진 시기는 일제강점기 때였다.

일제가 술맛을 획일화시키기 전이었던 1924년까지만 해도 전국에 누룩 제조공장이 2만 8,000여 개에 이르렀는데, 일제가 누룩 제조공장을 통폐합한 1929년에는 786개로 급감했다. 이 일로 인해 대표적인 조선

본연의 맛이 사라진 것이니 참으로 통탄할 일이다.

엎친 데 덮친 격으로 한국전쟁 후 1963년에는 쌀이 부족해지면서 박정희 정부는 백미로 막걸리 만드는 것조차 금지하였는데, 쌀 대신 미국에서 대량으로 들여오는 밀가루와 구황작물인 고구마 등으로 막걸리를 만듦으로써 집집에 이어져 오는 누룩이 사라졌고 그로 인해 가양주 문화도 사라져 버렸다.

하지만 다행스럽게도 근래 들어 막걸리에 대한 관심이 증폭되면서 다시 누룩들이 만들어지고 다양한 연구를 통해 새로운 누룩들이 개발되고 있다.

막걸리와 와인은 닮았다

우리의 막걸리는 담는 지역과 가풍에 따라 맛이 달랐다는 점에서 서양의 와인과 비교할 만하다. 알다시피 막걸리는 다양한 누룩에 의해 만들어지지만, 와인은 포도에 의해서 만들어진다.

달달한 알맹이가 맛을 결정하는 것이 아니라 껍질에 허옇게 붙은 효모_wine yeast_에 의해 맛이 결정된다.

와이너리들이 "그해 여름은 뜨거웠다네!"라고 기억을 끌어내어 말한다면 그해 여름에 재배된 포도는 뜨거운 햇빛과 온도로 당도가 많이 올랐고, 소위 '사카로미세스 세레비시아에_Saccharomyces cerevisiae_'라는 효모균이 훨씬 더 강하게 작용했음을 은유적으로 표현한 말일 것이다.
와인은 포도 농장의 기후와 지질, 거름, 토양과 물속의 미네랄 등이 다양하게 작용한 결과에 따라 농장마다 다른 포도를 재배하게 되고 그로 인해 천차만별의 맛을 내는 와인이 만들어지는 것이다.

따라서 이 역시 다양성의 보고일 수밖에 없다. 와인

이 막걸리와 닮은 점이다.

프랑스와 영국 간에 벌어진 백년전쟁은 일명 '와인전쟁'이라 불린다.

이 전쟁은 프랑스 왕 샤를 4세가 아들이 없는 상태에서 죽자, 영국의 왕 에드워드 3세가 자신에게 프랑스 왕의 계승권이 있다고 주장하여 갈등이 일어나면서 시작됐는데, 그도 그럴 것이 에드워드 3세는 죽은 샤를 4세의 여동생이 낳은 아들이었기 때문에 아예 틀린 말은 아니었다.

그런데 그 이면에는 좀 다른 이유가 있다. 프랑스의 가스코뉴 지방은 유럽 최대의 와인 산지로서 보르도 Bordeaux가 속한 지역인데, 이곳에서 나오는 와인 무역으로 거둬들이는 세금이 당시 프랑스 다른 지역의 세금을 모두 합친 것보다 많았다.

그런데 당시 가스코뉴 지방의 소유권은 영국에 있었다. 그러니 프랑스의 속이 편할 수 없었고 어떻게든 이 땅을 다시 찾으려 했다. 그래서 프랑스는 기왕에 왕위 계승권으로 시비를 걸어오는 영국에게 가스코뉴 지방을 강제적으로 점령함으로써 전쟁이 시작된 것이다.

당시 영국인들은 가스코뉴의 보르도 와인을 너무나 좋아했고 오직 그것만을 마셨던 영국 귀족들은 가스코뉴를 절대 빼앗길 수 없는 입장이었다.
어쨌든 와인이 1백 년 동안의 전쟁을 야기했다는 것은 그들이 와인을 얼마나 중요하게 여겼는지를 알려주는 대목이다.

막걸리에도 아티스트 라벨이 필요

로컬의 산물이라는 점에서 막걸리와 와인은 닮아 있

지만 막걸리에 조금 더 욕심을 내고 싶은 부분이 하나 있다.

와인병의 겉을 타고 돌며 와인에 대해 소개하는 '아티스트 라벨'이다. 와인 라벨은 전통적으로 유럽 식문화에 와인이 많은 역할을 해왔던 만큼 전통과 당대의 트랜드를 깊게 반영하며 발전해 왔다.

유럽의 와이너리들은 자신의 전통과 개성, 유산을 와인 라벨에 집약적으로 표현한다.

프랑스의 샤토 무통 로칠드Château Mouton Rothschild의 경우 해마다 거장 아티스트들이 참여하여 그림으로 라벨을 제작한다. 이 그림들은 세계를 돌며 전시되기도 하고 라벨 그림들만 전문적으로 전시하는 미술관이 운영되기도 한다.

피카소를 비롯해 제프 쿤스, 프란시스 베이컨, 키스

해링, 앤디 워홀, 우리나라의 이우환 등 당대 최고 아티스트들이 이 대열에 참여했다.

또 와인잔은 세계 디자이너들의 도전 항목 일 순위에 해당한다. 화이트 와인인지 레드 와인인지 그 종류를 구분하여 '조세피네휴테Josephinenhütte', '파토 마노Fatto a Mano', 최근 젊은이들이 좋아하는 '지허Zieher', '시도니오스Sydonios', '쇼트 스위젤Schott Zwiesel'과 같은 명품 디자인 글래스들이 수도 없이 태어난다. 와인의 가치가 더해지는 대목이다.

최근에 막걸리도 디자인이 다양해지고, 라벨도 전문화되고 있지만 아직은 아쉬운 부분이 있다.
역사적 근거 위에 우리 막걸리의 유구한 전통을 디자인적으로 담아내고, 와인처럼 라벨화 작업을 통해 후대까지 문화적 유산이 되게 하는 작업이 꼭 필요하다는 생각이다.

막걸리병과 잔 또한 근사한 문화상품이 될 수 있다. 이를 위한 정책적 지원도 있어야 한다. 그냥 막걸리 사업이 아니라 우리 문화의 레벨업이라는 점을 놓쳐서는 안 된다.

담양 해동주조장에서(2025.3)

청년창업에서 보는
희망의 징후

아이디어와 의지가 있는

청년 기업들이

지역에서 뿌리를 내리고

성장할 수 있는

광주형 창업 생태계를

구체적으로 만들어내야 한다

부각을 참 좋아한다. 아니 더욱 좋아하게 되었다. 전남 장흥에서 나온 무산김과 완도 소안도 김 등 최고의 김을 써서 전통 방식 그대로 부각을 만들어내는 한 청년 기업가 덕분이다.

부각에 대한 기억은 어머니로부터 시작된다. 밥을 싸 먹기도 아까운 것이 김이건만, 거기에 찹쌀 풀을 입혀 튀긴다. 짭조름한 간장 간에 볶은 깨까지 뿌려지면 보기만 해도 침이 넘어가는 최고급 간식이었다.

어머니에게서 부각을 얻어 먹어본 것도 손에 꼽는 기억이다. 맛있는 것에 맛있는 것을 더한 그야말로 건강한 주전부리 그 자체다.

그런 맛난 김부각을 어머니 정성 그대로 만들어내는

사업가가 있다. 물론 이런저런 식품회사에서도 부각 제품을 팔긴 한다. 하지만 자칫 잘못하면 기름에 찌든 냄새가 나거나 조미 맛이 강하다. 그래서 시판 김부각에 그다지 끌리지 않았다.

그런데 이 젊은 사업가의 부각은 다르다. 김이며 쌀을 최고 품질로 사 온다. 만드는 방식도 일일이 수작업으로 풀칠한다. 남도 음식의 전통을 그대로 살려냈다. 여러 차례 시행착오를 거치면서 전통의 부각 맛을 재현하는 데 제대로 성공했다.

그래서 입에 넣는 순간 옛날 어머니들이 기울인 정성이 그대로 느껴진다. 부각에 대한 추억을 가진 사람은 물론 술안주, 간식거리로 매우 훌륭하다. 고소한 맛이자 건강까지 담아낸 맛이기도 하다.

달근한 양파, 무와 파, 디포리, 멸치, 마른 새우, 생강과 마늘, 파와 표고버섯, 다시마가 부각의 감칠맛을 내어줄 육수로 뭉근하게 우려난다(©부각마을)

찹쌀은 정성스럽게 씻어 풀을 쑤고, 청정해역이 느리게 키운 김에 손으로 한 장 한 장 육수가 더해진 찹쌀을 발라 볕이 좋은 곳에 말린다(©부각마을)

청년 기업 성장을 도울 창업 생태계가 절실하다

원칙을 고수하는 사업가들이 그러하듯 처음엔 고전했다는데 다행스럽게 부각 하나로 해외 수출은 물론 창업 4년 만에 연 매출 10억 원을 달성했다고 한다. 2016년부터 호주 등 해외에서 주문이 들어오는데 시드니에서 50위권 안에 드는 호텔, 미쉐린에 등록된 레스토랑과 파트너사와의 계약도 이뤄냈다.

참 반가운 것은 30대 젊은 대표가 직장을 찾아 서울로 가지 않고 광주 '1913송정역시장'에 남아 창업을 했다는 사실이다. 거기에 전남의 김과 쌀을 주재료로, 남도 전통의 맛으로 승부를 본다는 것도 멋지다.

원칙을 지키다 보니 카카오가 지원하는 ESG 기업에도 선정됐다. 카카오는 600개 업체를 심사하여 5개 업체를 선정했는데 그중에 '느린 먹거리 부각'이 포함됐다. 앞으로 어떻게 더 성장할지 기대가 된다.

또 하나의 청년 창업기업으로 다품종 소량의 스몰브랜드를 결합한 핸드백 패션플랫폼회사 ㈜하이퍼가 있다. 10여 년간 협동조합을 운영한 경험을 토대로 주식회사를 만들었다. 이 회사는 출범한 지 얼마 안 됐지만 수백만 원을 호가하는 명품 핸드백의 틈새시장을 파고들어 성장 가능성이 엿보인다.

특히, 매장이 오픈되자마자 충장로 일대에서 50년 만에 소비자가 줄을 서게 만들어 충장로 상권 활성화의 기폭제 역할을 하기도 했다.

MZ 세대 타깃의 다양한 디자인의 제품이 수많은 가방 디자이너와 연계되어 있다는 점, 그리고 3~10만 원 정도의 저가로 가성비가 높다는 점도 돋보인다.

첨단기술 산업이 아니더라도 소비자와의 감성적 교류가 확대된다면 성공 가능성은 높다.

이러한 희망을 지켜낼 지역의 청년 창업 생태계에 묵직한 책임감을 느낀다.

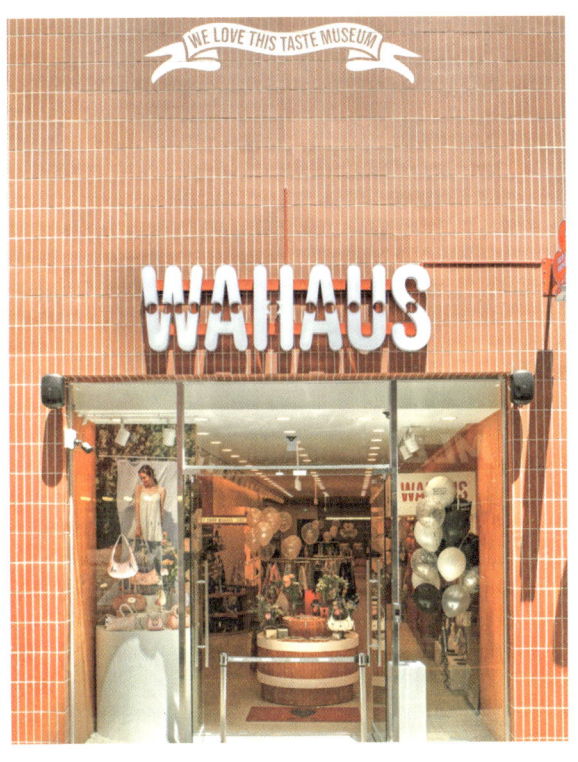

충장로에 ㈜하이퍼가 오픈한 가방 편집샵 웨하스WAHAUS

광주형 일자리를 만들었던 경험

지역의 일자리를 생각하면 문화경제부시장으로 노사
상생의 광주형 일자리를 만들었던 2019년의 경험이
떠오른다.

광주형 일자리는 노사상생의 일자리이다. 적정임금,
적정 근로시간, 노사 동반성장, 소통·투명경영의 4대
원칙을 구현하자는 취지로 광주에 현대자동차 공장
을 건립하는 프로젝트이다.
당시 나는 현대차와 노조의 합의를 끌어내는 협상단
장의 임무를 수행했다.

현대차와 노조를 설득하는 과정은 험난했으나, 광주
글로벌모터스라는 회사가 탄생했고 캐스퍼를 생산해
내고 있다.
광주형 일자리의 일환으로 자동차 공장을 만든 것은
1990년대에 대기업이 국내에 제조공장을 만든 이후

23년 만의 일이었다.

광주형 일자리가 기업과 노조의 타협, 당시 문재인 대통령과 이용섭 광주시장의 용단을 통해 출범되었듯이, 청년들의 다양한 일자리를 위한 획기적인 제도적 뒷받침이 절실하다.

독일은 대부분의 제조기업이 지방 곳곳에 분산되어 있다. 수도인 베를린 지역은 오히려 텅 비어있다고 봐도 무방할 정도다. 그래서 수도권에 살든 지방에서 살든 별 차이가 없다.

적어도 생활비 대부분을 주택 마련에 소비하는 일 따위는 절대 일어나지 않는다. 우리나라 노동자의 삶과는 근본적으로 차이가 있다.

하지만 우리의 경우는 어떠한가. 지역의 청년 인구가 해마다 줄어드는 상황을 어떻게 설명할 것인가. 지역이 더 이상 미래에 대한 희망을 품고, 직장을 갖고 아이를 낳고 살아갈 안정적 터전이 되지 못한다는 반증이 아닌가.

아이디어와 의지가 있는 청년 기업들이 지역에서 뿌리를 내리고 성장할 수 있는 창업 생태계를 구체적으로 만들어내야 한다.

이스라엘에서 배우는
창업 생태계

_____

이스라엘의 창업 생태계를 관통하는

가장 중요한 키워드는

바로 '실패에 대한 관용'이다

한번 실패했다고 해서

낙오자로 찍히는 일은 없다

오히려 실패 경험자는 더 신뢰 받는다

인구 930만, 면적은 우리나라 경상남북도 정도의 작은 나라, 이스라엘은 전 세계 창업국가 중 유례없는 성공 신화를 쓰고 있다.

이스라엘에는 9,000개가 넘는 스타트업이 있고, 매년 800~1,000개의 신생 기업이 생겨난다. 그중 위즈 Wiz, 라피드 Rapyd, 스타크웨어 StarkWare와 같은 기업가치 100억 달러 이상의 초대형 유니콘에서 1~2억 달러의 소형 유니콘까지 90여 개 이상의 테크 유니콘들이 즐비하다.

최근 3년간 세계적으로 새로 탄생한 유니콘 기업의 약 10%가 이스라엘에서 만들어졌다는 사실은 매우 인상적이다. 유니콘 기업은 해당 국가의 창업 생태계 활성화의 지표로 작용한다는 점에서 매우 중요하다.

이처럼 이스라엘이 창업 강국으로 자리매김하게 된 데에는 여러 가지 이유가 있다.

실패에 관대하고 성공이 대물림되는 생태계

이스라엘의 창업 생태계를 관통하는 가장 중요한 키워드는 바로 '실패에 대한 관용'이다.

한 번 실패했다고 해서 낙오자로 찍히는 일은 없다.
오히려 실패 경험자는 더 신뢰받는다.
이 관용의 바탕에는 유대인 특유의 역동성과 다브카 davka 정신이 깔려 있다.
"그래서 더 해보자", "그래서 더 도전하자"는 회복 탄력성이 이들의 창업 정신을 이끈다. 창업 자체가 일상적 경력의 일부로 받아들여지는 것이다.

이스라엘의 군대도 창업가 정신을 키우는 데 중요한

역할을 한다. 최고의 엘리트 인재들을 뽑아 첨단기술
과 문제 해결 능력을 키우는 특별한 프로그램이 군대
내에 존재하는데, 이스라엘의 사이버 보안·AI·반도
체 분야 유니콘 중 상당수가 이스라엘 국방군IDF 출
신 창업자들이 설립했다.

군대 문화와 정부의 역할이 큰 몫

특히 8200부대 창업자들은 그 수준이 세계적이라는
것이 정평이다. 군에서 실전을 통해 쌓인 기술과 경
험은 창업의 리스크를 줄이고 경쟁력을 높이는 데 한
몫을 한다. 이런 경험을 가진 사람들은 제대 후에도
세계적으로 인정받는 인재가 된다.

이스라엘 정부는 1990년대부터 스타트업을 적극적
으로 지원해 왔다. '요즈마 펀드'와 같은 정부 벤처펀
드가 민간 투자를 끌어냈는데 이것은 정부가 초기 펀

드를 출자하되 성과가 날 경우 민간이 정부 지분을 되사는 구조로 설계된 투자 프로그램이다. 이스라엘은 세계에서 가장 많은 연구개발R&D 투자를 하는 나라 중 하나로, 정부의 전략적 지원이 민간 투자를 촉진하는 데 큰 역할을 한다.

또한 이스라엘에서는 성공한 창업가들이 후배 창업가들에게 조언과 투자를 아끼지 않는다. 이들은 직접 멘토가 되어 스타트업의 성장을 돕고, 투자와 창업의 선순환 구조를 만들어낸다. 이런 모든 요소가 유기적으로 맞물려 이스라엘의 창업 생태계가 세계적으로 주목받는 성공 모델이 되었다.

한국 창업 생태계, 아직은 서울만의 게임

반면, 5천만 인구를 가진 한국은 수도 서울을 중심으로 창업 열기를 키워가고 있으나, 아직 대한민국 전체가 창업국가라고 말하긴 어렵다. 특히 지역 창업 생태계는 어려움이 많다. 어떤 의미에서는 태동조차 버거운 상태라고 해야 할 수준이다.

과연, 무엇이 이스라엘을 '기회의 국가'로 만들었는가? 그리고 광주는 무엇을 배워야 하는가? 한국의 스타트업 생태계는 최근 몇 년 사이 괄목할 만한 성장을 이뤘다. 2023년 벤처 투자 규모는 약 10조 원에 달했고, 서울은 글로벌 창업 도시 순위에서도 상위권에 이름을 올렸다.

그러나 문제는 모두 서울에만 있다는 점이다.

서울은 사람과 자본, 네트워크가 응축되어 있기 때문에 가능했지만, 지방 도시는 여전히 창업 불모지다.

광주, 대전, 대구, 전주 등은 창업센터도, 엑셀러레이터도, 투자자도 여전히 부족하다. 무엇보다 한국 사회는 아직 '실패'에 관대하지 않다.

스타트업이 망하면 창업자는 '패자'가 되고, 재도전은

'무모한 시도'로 간주된다. 이런 이유로 경험이 많은 사람일수록 창업에 더 소극적이다.

그리고 이는 창업이 '20대의 무모함'에만 기댄 구조로 굳어지고 있다는 뜻이기도 하다.

우리는 어떤 창업 생태계를 갖출 것인가?

이런 한계를 극복하기 위해서는 실패를 성장의 기회로 받아들이는 사회적 분위기가 필요하다.
실패한 사람에게도 재도전의 기회를 주는 제도와 인식 변화가 중요하다. 경험 많은 창업가들이 신생 창업가를 돕는 시스템을 확대해야 하며, 단순한 자금 지원을 넘어 기술과 시장 진출 전략, 네트워크까지 지원하는 종합적인 멘토링이 필요하다. 정부의 역할도 중요하다.

정부는 단순히 돈을 주는 것을 넘어 세계시장 진출과 협력을 지원하는 역할을 해야 하며, 아이디어 발굴부터 창업, 성장, 투자 유치, 사업화까지 전 과정을 지원하는 스타트업 스튜디오 모델이 필요하다. 수도권에 집중된 창업 생태계를 지역으로 확산하는 것도 중요하다.

한국 스타트업도 처음부터 세계를 목표로 해야 하며, 내수시장에만 머무르지 말고 해외 진출을 염두에 두고 사업을 기획해야 한다. 이스라엘이 사이버 보안, 핀테크, 바이오 등 특정 분야에서 강점을 보인 것처럼, 한국도 AI, 반도체, 바이오, 모빌리티 등 우리가 강한 분야에서 세계적인 경쟁력을 키워야 한다.

투자 규모가 늘어나는 것도 중요하지만, 투자자와 스타트업 모두 전문성을 높이는 것이 필요하다. 이스라엘의 창업 생태계는 하루아침에 만들어진 것이 아니다. 군대, 대학, 정부, 문화 등 모든 요소가 유기적으로 맞물려 혁신을 추구하는 사회 DNA가 만들어졌다. 실패에 대한 관용, 성공한 창업가의 멘토링, 정부의 전략적 지원이 선순환 구조를 만들어낸다. 한국도 창업 생태계가 양적으로 크게 성장했지만, 질적으로 한 단계 도약하려면 사회 전반의 인식 변화와 제도 개선이 필요하다.

실패에 대한 관용 문화, 멘토링 생태계 활성화, 정부 정책의 전환, 지역 균형발전이 핵심 과제이다. 이스라엘의 성공 사례를 참고하되, 한국만의 고유한 강점을 살린 창업 생태계를 만들어야 한다. 이를 통해 '스타트업 코리아'가 세계 혁신 경제의 중심으로 자리잡을 수 있을 것이다.

5장

권력이 아닌
정치력을
꿈꾸는 이유

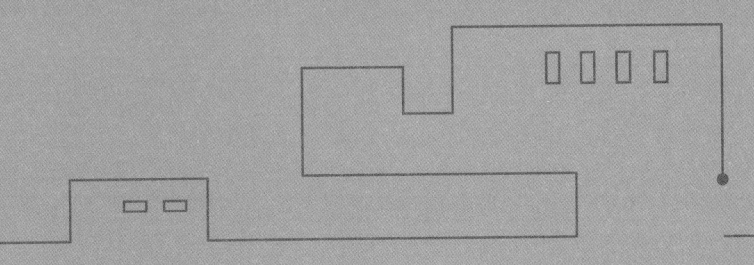

• 일상이 정치인 것을

• 불안한 삶의 안전장치, 정치

• 암표를 막는 것도 정치의 일이다

• 플랫폼과 영세업자 그리고 배달종사원

• '권력'이 아닌 '정치력'을 꿈꾼다

• 흔들리더라도 변하지는 말자

일상이
정치인 것을

———

우리 삶을 이루는 대부분의 것들이

정치의 산물이다

정치는 우리 삶에 깊숙이

관여하는 것을 넘어

우리의 일상을 참견하고

불편하게도, 편리하게도 만든다

정치인으로 보내는 시간 동안 사람들이 의외로 정치에 대해 냉소적이라는 걸 느꼈다.

정치에 대한 냉소인지, 아니면 정치인에 대한 냉소인지 모르지만, 이야기를 나누고 친해진 후에야 털어놓는 말들 가운데 가장 많은 것이 바로 정치하는 사람이 이렇게 솔직할 줄 몰랐다, 정치인이 이렇게 지역일을 소상히 알고 있을 줄 몰랐다 등등이다.

냉소적으로 생각했는데 막상 만나보니 나쁘지 않다는 말들을 들으면 맘이 복잡해지곤 한다.

사실, 삶에 가장 많은 영향을 미치는 것이 정치가 아닌가. 그러니 정치인들과 격의가 없어야만 소통할 수 있다. 우리가 24시간 손에 쥐고 사는 휴대폰만 봐도

그렇다. '단통법'이라고 불리는 법에 따라 보조금 등
이 달라진다. 요금 체계도 법에 따라야 한다.

그뿐인가. 우리의 일상이 된 공원, 배드민턴장, 수영
장 및 헬스장 등 체육시설, 주민센터에 마련된 주민
편의시설과 프로그램 등은 모두 정부 예산을 받아 조
성된 것이다.

우리 삶을 이루고 있는 대부분이 정치의 산물이요,
정치로 규정 받는 것들이다. 정치는 우리 삶에 깊숙
이 관여하는 것을 넘어 우리의 일상을 참견하고 불편
하게도, 편리하게도 만든다.

입법을 제대로 하면 삶이 바뀐다

정치가 우리 삶에 영향을 미치는 방식은 바로 '입법'
이다. 즉 법을 개정하고 제정하는 것을 통해서 정치
는 우리 삶의 양상을 바꾸어 놓는다.

'입법'은 누가 하는가? 4년마다 총선을 거쳐 선출되는 국회의원이 입법을 한다. 그래서 국회를 '입법부'라고 부르는 것이다. 국회의 가장 큰 권한이자 임무는 입법이라 할 수 있다.

총선에 출마하는 후보자들이 내놓는 공약들도 상당 부분 입법이 필요한 경우들이다. 그래서 지역구 국회의원이 일을 제대로 하고 있는지 살펴보고 싶다면 총선 공약과 관련한 입법 활동을 얼마나 열심히 하고 있는지 살펴보는 것이 가장 쉽다.

아시아문화중심도시 조성에 관한 특별법 통과

21대 국회의원으로 일하는 동안, 나는 모두 139건의 법안을 냈다. 그중 49건의 법안을 통과시켰다. 세 건 중 한 건 이상 통과시킨 꼴이다. 21대 국회의원 중 서영교 의원에 이어 두 번째로 높은 법안 통과율을 기록한 의원이 되었다.

국회의원 공약 1호 법안으로 추진했던 '아시아문화중심도시 조성에 관한 특별법' 개정안의 통과 과정은 험난했다. 문체부 장관, 기재부 장관은 물론 당시 야당이었던 미래통합당의 김종인 비대위원장까지 찾아가서 읍소했다.

우여곡절 끝에 법안은 통과되었고 그 결과 아시아문화전당은 민영화 위기에서 벗어나게 되었다.

이 법이 통과되어 아시아문화전당에서 일하는 590여명의 고용은 안정화되었고, 아시아문화전당이 국가기관으로서 운영됨에 따라 시설의 유지와 콘텐츠의 운영이 시장 논리에 좌우되지 않고 공적 기능을 유지할 수 있게 되었다.

불안한 삶의 안전장치,
정치

———

내가 발의한

이 공연법 개정안은

2021년 12월에 본회의를 통과하여

현재 시행 중이다

정치는 일상의 평온을 지켜내는

가장 확실한 방편이다

정치가 필요한 까닭은 역설적으로 우리의 삶이 늘 불안 속에 있기 때문이다. 불안한 삶에 안전장치를 마련하는 일이 나는 정치라고 생각한다.

2018년, 성악을 공부하던 스물네 살의 청년 예술인이 공연무대를 설치하는 작업 도중 추락하여 사망하는 안타까운 사건이 발생했다.

관객들이 바라보는 무대의 화려함 뒤에는 공연 산업의 열악한 현실이 존재하고 있었다.

이를 개선하기 위한 현장의 목소리들이 있었음에도 불행한 사건이 발생하기 전까지 우리 사회는 그 목소리에 귀를 기울이지 못했다.

공연장의 안전을 지키는 공연법 발의

21대 국회 의정활동을 시작하면서 나는 이 불행에 대한 답을 찾는 일을 시작했다.

공연 현장의 안전성을 강화하여 이러한 비극이 다시 발생하지 않도록 하는 입법을 추진하기로 한 것이다.

유가족을 면담하고, 관련 단체들과의 간담회를 거쳤다. 그리고 마침내 2021년 5월 공연법 개정안을 발의했다.

개정안에는 공연장 안전관리 의무를 명시했고 사망자 발생 등 중대사고 발생 시 보고 의무 등을 규정하여 안전사고의 사전 예방을 강화하고 사고 발생 시 신속한 처리와 책임 소재를 명확하게 하도록 했다.

정치는 일상의 평온을 지켜내는 안전장치

그동안 숱하게 드나들었던 공연장이었는데, 관객이 아니라 입법을 통해 공연장 환경을 바꿔내는 과정은 새로운 감정을 불러일으켰다. 보이지 않는 촘촘한 안전망이야말로 공연 문화를 성장하게 하는 동력이 될 것이라는 믿음도 생겼다.

입법이 구체적으로 문화와 생활에 적용되는 과정도 흥미로웠고, 더 많은 안전장치를 마련해야겠다는 마음을 먹게 되었다. 정치는 일상의 평온을 지켜내는 역할을 할 수 있는 가장 확실한 방편이기 때문이다.

내가 발의한 이 공연법 개정안은 2021년 12월에 본회의를 통과하여 현재 시행 중이다.

법 시행 이후 각 지자체에서 정기적으로 공연장 안전 예방 훈련과 교육을 시행하고 있고, 주무 부처인 문체부에서도 설명회를 개최하는 등 공연장 안전사고 예방을 위한 제도적 노력이 강화되었다.

입법을 누가 했는지, 공연을 하는 사람도 공연장의 관객도 알지 못하지만, 그 법이 지켜낸 것들은 절대 적지 않다. 안전한 환경에서 공연이 이뤄지고, 공연을 즐길 수 있다는 사실은 너무나 중요한 일이기 때문이다.

암표를 막는 것도
정치의 일이다

————

이 두 법의 개정으로

부정 예매와 암표가 사라질 수는 없다

민생 문제에 대한

끊임없는 연구와 고민이 필요한 이유이다

하지만 하나하나 차근차근

우리가 할 수 있는 것을 해나가는 것이

사회의 발전 과정일 것이다

문화체육관광위원회에서 활동하다 보니 본의 아니게 주변에서 티켓을 구해달라는 부탁을 종종 받았다.

축구대표팀 A매치, 유명 가수의 콘서트, 기아타이거즈의 경기 등등 종류도 다양했다. 티켓을 부탁하시는 분들이 공통으로 하는 말은 "표를 구할 수가 없다"는 것이었다.
그도 그럴 것이 그분들은 돈이 없는 사람들도 아니고, 공짜 표를 바라는 특권의식이 있는 분들도 아니었다.

안타깝게도 표를 구해드리지는 못했다. 잘 구해드리지 못한 송구한 마음으로 왜 그분들은 이런 부탁을 하실까 생각해 보았다.

왜 표를 구하기 어려운 것일까? '광클'을 해도 구하기
어렵다면, 그 표들은 누가 예매에 성공하는 것일까?

매크로를 통한 암표를 막아라

답은 '매크로'라는 것에 있었다. 매크로는 일종의 컴
퓨터 프로그램이다. 예매 가능한 티켓을 찾아내고 바
로 예약과 결제를 진행해서 예매를 완료하는 자동 프
로그램인 것이다.

이 모든 절차가 1초도 걸리지 않는 자동화된 명령어
실행으로 이루어진다. 사람의 '클릭질'과는 경쟁이 안
된다.

이렇게 매크로를 통해 구매한 티켓들은 온라인에서
웃돈을 얹어 재판매되거나 당일 현장에서 소위 '암
표'로 판매된다. 물론 정가의 2~3배 또는 그 이상의

뻥튀기된 가격에 판매된다.

'매크로'를 막아야 했다. 매크로를 이용한 티켓 부정 예매 행위가 적발되더라도 이를 처벌할 수 있는 규정이 없는 실정이었다.

그래서 매크로에 대한 단속 역시 이루어지고 있지 않았다. 그 결과 매크로를 이용한 부정 예매 행위가 더욱 기승을 부렸던 것이다.

암표를 처벌할 법적 근거를 마련해 보자

콘서트 등 공연 티켓에 대해서는 '공연법'을, 야구, 축구 등 스포츠 입장권에 대해서는 '국민체육진흥법'을 적용하여 이러한 부정 예매, 부정 판매를 처벌할 수 있도록 법 개정 작업을 시작했다.

2022년 3월에 두 법의 개정안을 발의했다. 공연법

개정안은 2023년 2월에, 국민체육진흥법은 1년 뒤인 2024년 2월에 본회의를 통과했다. 이제 매크로를 통한 예매 행위, 암표 행위는 '공연법'과 '국민체육진흥법'에 근거하여 처벌할 수 있게 되었다. 이 두 법의 개정만으로 부정 예매와 암표가 사라질 수는 없다.

하지만 하나하나 차근차근 우리가 할 수 있는 것을 해나가는 것이 사회의 발전 과정일 것이다. 한 번의 법 개정으로 현실의 문제가 해결되지는 않는다. 해결되더라도 곧 이를 우회하는 또 다른 편법과 불법이 생겨나기 마련이다.

민생 문제에 관한 끊임없는 연구와 고민이 필요한 이유이다. 정치는, 입법은 생활의 편리함을 극대화하고 공정성을 만들어 나가는 데 기여한다.

플랫폼과 영세업자
그리고 배달종사원

———

지금 공공플랫폼에 투자하고,

제도를 세우고,

시민의 감시를 조직하지 않는다면,

머지않아 우리는

불투명한 알고리즘과

사기업의 규칙에 삶을 내맡기게 될 것이다

2019년 11월, 중국 우한에서 처음 보고된 코로나19는 불과 몇 달 만에 전 세계를 덮쳤다.

2024년 4월까지 감염자는 7억 명을 넘었고, 700만 명이 목숨을 잃었다. 팬데믹은 단순한 보건 위기가 아니었다. 그것은 인간의 일상, 경제시스템, 노동 구조까지 송두리째 흔들어 놓았다.

코로나 이후 소비구조의 변화

광주 문화경제부시장에서 국회의원으로 자리를 옮겨 일하던 때의 가장 심각한 해결 과제가 바로 코로나로 인한 어려움이었다. 문화예술 분야의 타격은 말할 것도 없고 자영업자들의 희생이 너무도 컸다. 사람들이 움직이지 않고 모이지 않으니 당연한 일이었다.

가장 두드러진 변화는 '언택트Untact'였다. 비대면이 일상이 되었고, 오프라인은 멈춘 반면, 온라인은 질주했다. 홈코노미와 플랫폼 기반의 서비스가 폭발적으로 성장했고, 이는 곧 '플랫폼 경제Platform Economy'라는 새로운 질서의 등장을 뜻했다.

자영업자와 라이더, 플랫폼의 명과 암

이 변화 속에서 자영업자, 특히 외식업 경영자들은 가장 큰 고통을 겪었다. 거리두기와 외출 자제로 인해 고객이 사라졌고, 임대료와 인건비는 그대로 남았다. 결국 수많은 매장이 문을 닫았고, 가족 단위로 운영하던 작은 식당부터 프랜차이즈 점포에 이르기까지 폐업의 행렬이 이어졌다.

그러나 아이러니하게도 같은 시기, 플랫폼을 기반으로 한 배달 앱, 온라인 커머스, 밀키트, 드라이브 스루 산업은 폭풍 성장했다. 특히 배달 앱 시장은 '비대면 경제'의 상징이 되었고, 소비자와 소상공인을 잇는 가교가 되었다. 문제는 이 가교가 공정하지 않았다는 점이다.

배달의민족은 '우리가게클릭' 같은 프로그램을 통해 수많은 자영업자를 자사 플랫폼에 끌어들였다. 그러나 가게의 노출 여부는 소비자 선택의 핵심인데, 이 노출은 곧 광고비와 수수료를 통한 '입찰 경쟁'으로 전환되었다. 초기 화면 노출은 상품화되었고, 높은 수수료를 감당할 수 있는 점포만이 살아남는 구조가 굳어졌다.

공정거래위원회의 2024년 국정감사에 따르면, 배달의민족은 수익 극대화를 위해 총 14번의 약관 변경을 통해 96건의 조항을 바꾸었고, 이는 모두 일방적으로 이루어졌다. 수수료 또한 9.8%에 달했으며, 2만 원어치 음식을 팔아도 실제로 남는 수익은 얼마 되지 않았다.

근로자성이 인정되지 않는 플랫폼 노동자

더 큰 문제는 배달 라이더들이다. 그들은 플랫폼 없이는 일하지 못하지만, 플랫폼과는 아무런 법적 관계가 없다.

'근로자성'이 인정되지 않는 플랫폼 노동자들은 최저 임금도, 4대 보험도 보장받지 못한 채, 하루 수십 건의 배달을 플랫폼 알고리즘에 따라 수행한다.

이들은 단순한 '프리랜서'가 아니다. 업무 배치, 경로 설정, 배달 시간, 심지어 패널티까지 플랫폼 알고리즘이 모든 것을 통제한다. 하지만 그 통제자는 책임

지지 않는다. 법은 여전히 이들을 '독립 계약자'로 분류한다.

해외는 어떻게 변화하고 있는가

유럽 국가들은 이미 플랫폼 노동에 대한 판단을 전환하고 있다. 프랑스, 스페인, 영국 법원은 플랫폼 노동자가 기업에 종속된 노동자라는 점을 인정하고 있으며, 산재 보장과 최저임금 적용도 제도화하고 있다.

우리나라 역시 최근 대법원이 '타다 드라이버' 판례에서 "알고리즘 통제하의 노동은 독립 계약이 아니다"라는 법리를 처음으로 제시했다. 변화의 조짐이 나타나기 시작했다.

플랫폼이 공공 인프라가 되어야 하는 이유

21대 국회의원 시절, '소상공인 보호법' 개정을 추진하며 플랫폼 문제에 주목했다. 핵심은, 소상공인이 함께 플랫폼을 만들고 운영하려 할 때 국가가 이를 지원할 수 있는 제도적 근거를 마련하는 것이었다.

플랫폼은 이제 도로, 전기, 통신망과 같은 핵심 사회 인프라가 되었다. 그 중요성과 영향력에 비해 공공성은 너무 미약한 실정이다. 민간 독점에 맡기기엔 너무 큰 권력이고, 시민과 노동자를 보호하기엔 너무 약한 구조다.

공공플랫폼, 어떻게 구축할까

우리에게는 사실 다음과 같은 변화가 필요하다.
먼저 공공플랫폼 구축에 국가의 직접적 개입이 있어

야 한다는 것이다. 전통시장 상인들이 스스로 디지털 플랫폼을 만들 수 있도록 시스템 구축, 라이더 조직, 교육, 유통망 구축 등 초기 비용과 기술을 국가가 지원해야 한다.

또한 공정한 알고리즘과 수수료 체계를 반드시 만들어내야 한다. 플랫폼은 단순한 소프트웨어가 아니라 소비자의 선택을 결정하는 '알고리즘 권력'이다. 따라서 초기 화면 노출 기준, 점포 순위 기준, 별점 운영 방식 등 기준을 투명하게 공개하고, 제3자가 감시할 수 있는 구조로 바꿔야 한다.

플랫폼 노동자 권리보호와 수수료

무엇보다 중요한 것은 사람이다. 거리의 무법자들처럼 보이는 라이더들의 극한 생존 조건을 좀 더 애정 어린 눈으로 들여다봐야 한다.

산재와 고용보험, 최저임금 보장은 물론, 배달 플랫폼의 노동 감시 시스템을 공적으로 감시하는 기구도 필요하다.

2024년 11월, 공정거래위원회는 소상공인을 보호하기 위한 차등 수수료제와 배달비 조정안 등을 발표했다. 상위 점포에는 7.8%, 중간 점포는 6.8%, 하위 점포는 2.0%의 수수료를 적용하고, 배달비는 1,900~3,400원으로 구간화한다는 것이다. 이는 분명 진전된 조치다. 그러나 이 모든 조치가 지속 가능해지려면 공공이 이 흐름을 주도해야 한다.

플랫폼은 계속 확장될 것이고, 유통과 정보, 일자리를 모두 통제하는 미래의 새로운 권력이 될 것이다. 그 흐름 속에서 플랫폼을 누구의 손에 둘 것인가는 단순한 산업 정책이 아니라 우리 사회가 추구하는 정의와 공정의 기준을 묻는 일이다.

우리가 지금 공공플랫폼에 투자하고, 제도를 세우고, 시민의 감시를 조직하지 않는다면, 머지않아 우리는 불투명한 알고리즘과 사기업의 규칙에 삶을 내맡기게 될 것이다.

이제는 묻자. 우리는 누구를 위해 플랫폼을 만들어야 하는가? 그리고 그 플랫폼은 누구의 손에 있어야 하는가?

'권력'이 아닌
'정치력'을 꿈꾼다

———

정치는 내가 살기 위해

상대를 죽이는 것이어서는 안 된다

상대를 살리는 것이

나를 살리는 것이고

곧 우리가 함께 살아나는 것이다

정치의 가장 큰 역할을 꼽으라면 '갈등 해결'이라고 답할 수 있다.

삶이란 게 어느 한쪽이 이득을 보면 다른 한쪽은 손해를 보는 제로섬 게임처럼 보일 때가 있다. 그래서 갈등에 봉착한 두 주체는 죽을 것처럼 덤비고 타협을 하지 못한다.

네가 죽느냐, 내가 죽느냐 하는 극한 대립에 삶이 파괴되는 경우도 허다하다. 그럴 때 필요한 것이 정치이다.

대립 당사자들의 이해관계가 충족되도록 조율하고, 서로의 입장을 이해시키는 것이 정치의 순기능이자 위대함이라고 나는 믿는다. 그러한 힘이 '정치력'이다.

국립공원 입장료를 둘러싼 갈등

21대 국회 의정활동 중에 대표적인 갈등 해결 사례 중의 하나가 정청래 의원이 입법한 국립공원 내 사찰의 문화재 관람료 감면에 관한 것이다.

1967년 국립공원제도가 도입되면서 국립공원은 사찰이 징수하던 문화재 관람료에 국립공원 입장료를 포함해 징수했다. 2007년 국립공원 입장료가 폐지되면서 갈등이 표면화되기 시작했다. 국립공원을 무료로 갈 수 있게 되었으나, 여전히 사찰은 문화재 관람료를 받고 있었다.

대부분의 등산로와 사찰의 길목이 같으므로 사찰은 문화재 관람료를 당연히 받아야 한다는 입장이고, 등산객들은 사찰의 문화재를 보지 않고 그냥 등산만 하는데 왜 관람료를 내느냐는 불만을 가진 것이다.

정청래 의원은 2021년 국정감사에서 이 문제를 지적하며 문화재관람료를 '통행세'라 하고, 사찰을 '봉이 김선달'이라 하며 문화재 관람료 징수의 문제점을 지적했다.

이에 대해 조계종 등 불교계는 전국 사찰에 '정청래 OUT'이라는 플래카드를 부착할 정도로, 정청래 의원에 대한 종단과 불교 신도들의 비난은 매우 거셌다. 정치인으로서 특정 종교와 척진다는 것은 거의 자살행위와도 같다.

정치력으로 문화재 보호법 갈등을 풀어내다

정청래 의원은 곧바로 자신의 발언을 사과했다. 그리고 이듬해인 2022년 4월 '문화재보호법' 일부 개정안을 발의한다.

문화재관람료의 감면 규정을 마련하고 감면되는 금액만큼 문화재 소유자나 관리단체에 재정 지원을 하도록 하는 내용을 담았다.

등산객 입장에서는 불필요한 문화재관람료를 지불하지 않아도 되고, 문화재를 보유한 사찰 입장에서는 징수되지 않은 관람료를 국가로부터 보전을 받을 수 있게 된 것이다.

등산객과 사찰 측 모두 윈윈하는 해결책을 마련한 것이다. 사찰이 보전받는 입장료는 문화재의 유지 보수에 쓰이기 때문에 결국 국가유산의 보존과 국민의 문화생활 향유를 지원하는 데 쓰이게 되는 것이다.

상대도 살리고 나도 살리는 상생의 정치

조계종은 2023년에 정청래 의원에게 감사패를 전달

한다. 2년 전만 해도 불교계의 '역행보살'이었던 정청래 의원은 2년 만에 불교계의 '홍보대사'가 된 것이다.

이것이 정치다. 정치는 내가 살기 위해 상대를 죽이는 것이어서는 안 된다. 상대를 살리는 것이 나를 살리는 것이고, 곧 우리가 함께 살아나는 것이다.

정치의 본령은 사회적 갈등을 조정하고 국민을 잘살게 하는 것이어야 한다. 그러한 정치가 대한민국의 정치판에 정착하기를 간절히 바란다.

극단적 대립을 풀어내고 갈등을 치유하는 정치력

물론 정치인들이 가장 큰 노력을 기울여야 할 테지만, 국민도 냉정한 평가를 통해 상생의 정치를 추구하는 정치인들을 선택해 줘야 한다. 국민의 삶을 위하는 정치, 협치하는 정치를 꿈꾼다.

크게 보면 서로가 있어서 살아가는 것이 세상이다. 그러니 정치력은 그 두 세력의 존재 이유를 찾아내고, 극단적 대립을 풀어내는 힘이다.

필요한 순간에 강력한 힘을 발휘해 갈등을 치유해 내는 정치력, 그 힘을 갖고 싶다. 권력이 아닌 정치력, 정치인 이병훈이 가장 갖고 싶은 힘이다.

흔들리더라도
변하지는 말자

———

사회가 처한 문제에 대한

깊이 있는 통찰과 고민,

거기에서 나온 신념이

당당하고 타당하다면

무분별하게 던지는 비난으로부터

스스로를 지킬 수 있다

사람은 부정성 편향이 긍정성 편향보다 훨씬 강하다고 미국의 사회심리학자 로이 바우마이스터Roy F. Baumeister 는 말한다.

'좋다', '잘했다', '응원한다'와 같은 말은 쉽게 잊어버리는데, '증오한다', '싫다', '밉다'와 같은 말이 훨씬 오래 기억되는 이유를 그는 '부정성 편향negativity bias'이라는 용어로 설명한다. 쉽게 말해서 칭찬보다 힐난이 사람을 깊이 흔들어 놓는다는 이야기다.

이런 부정성 편향에 가장 많이 흔들리는 이들이 바로 정치인일 것이다. 세간의 평가에, 유권자들의 표심에 온 신경이 곤두설 수밖에 없는 사람들. 사람들의 말 한마디 한마디에 울고 웃는 이들이 정치하는 사람들이기 때문이다.

민심에 귀를 기울이되 출렁이지는 말아야

하지만 민심의 바다에 배를 띄우고 가는 정치인들이 세간의 힐난에 출렁거리기 시작하면 문제가 크다. 민심에 귀를 기울인다는 것과 세평에 걷잡을 수 없이 출렁거린다는 것은 전혀 다른 문제이기 때문이다.

그렇다면 정치하는 사람은 어떻게 부정성 편향을 이겨내야 할까.

답은 단순하다. 내면 신념을 단단하게 하고 선택의 기준을 분명히 하는 것이다. 사회가 처한 문제에 대한 깊이 있는 통찰과 고민, 거기에서 나온 신념이 당당하고 타당하다면 무분별하게 던지는 비난으로부터 자신을 지킬 수 있다.
인간이기에 상처를 입을 수는 있지만 인기 영합을 위해 신념을 져버리는 일은 없어야 한다.

부정성 편향에 갇히지 않아야 목적지에 당도한다

한 인간으로서 일상의 삶을 살아갈 때도 마찬가지이다. 주변으로부터 섬세한 성격이라는 평가를 받는 나로서는 남의 이야기에 민감해질 때가 있다.

하지만 던진다고 다 받지는 말자고 스스로에게 다짐한다. 부정적 평가에 직면할 때 나를 돌아보는 계기로 삼을지언정 출렁거리지는 말자고 마음을 다잡는다.

충분히 고민하고 최선의 방향을 잡지 않았냐는 자기 신뢰, 그리고 늘 더 나은 생각으로 업그레이드할 수 있다는 유연함으로 스스로를 채워야 한다. 그래야만 부정성 편향에 갇히지 않고 가고자 했던 궤도를 이탈하지 않고 비로소 목적지까지 갈 수 있을 것이다.

**지역이 강해야
대한민국이 산다**

1판 1쇄 인쇄 2025년 8월 28일
1판 1쇄 발행 2025년 9월 8일

지은이 이병훈

발행인 양원석 **편집장** 권오준 **디자인** 남미현, 김미선
영업마케팅 조아라, 박소정, 김유진, 원하경

펴낸 곳 ㈜알에이치코리아
주소 서울시 금천구 가산디지털2로 53, 20층 (가산동, 한라시그마밸리)
편집문의 02-6443-8830 **도서문의** 02-6443-8800
홈페이지 http://rhk.co.kr
등록 2004년 1월 15일 제2-3726호

ISBN 978-89-255-7315-1 (03330)

※ 이 책은 ㈜알에이치코리아가 저작권자와의 계약에 따라 발행한 것이므로
본사의 서면 허락 없이는 어떠한 형태나 수단으로도 이 책의 내용을 이용하지 못합니다.

※ 잘못된 책은 구입하신 서점에서 바꾸어 드립니다.

※ 책값은 뒤표지에 있습니다.